章岩 主编

# 孩子，你该如何读书

黑龙江美术出版社

图书在版编目（CIP）数据

孩子，你该如何读书 / 章岩主编 . -- 哈尔滨：黑龙江美术出版社，2023.1
ISBN 978-7-5593-8896-4

Ⅰ.①孩… Ⅱ.①章… Ⅲ.①读书方法—少儿读物 Ⅳ.① G792-49

中国版本图书馆 CIP 数据核字（2022）第 222051 号

孩子，你该如何读书
HAIZI，NI GAI RUHE DUSHU

| | |
|---|---|
| 出 品 人： | 于　丹 |
| 主　　编： | 章　岩 |
| 责任编辑： | 赵曼丽 |
| 责任校对： | 于　澜 |
| 装帧设计： | 黄　浩 |
| 出版发行： | 黑龙江美术出版社 |
| 地　　址： | 哈尔滨市道里区安定街 225 号 |
| 邮政编码： | 150016 |
| 发行电话： | 0451-84270514 |
| 经　　销： | 全国新华书店 |
| 印　　刷： | 天津旭非印刷有限公司 |
| 开　　本： | 880mm×1230mm　1/32 |
| 印　　张： | 8.25 |
| 字　　数： | 192 千 |
| 版　　次： | 2023 年 1 月第 1 版 |
| 印　　次： | 2023 年 1 月第 1 次印刷 |
| 书　　号： | ISBN 978-7-5593-8896-4 |
| 定　　价： | 59.80 元 |

本书如发现印装质量问题，请直接与印刷厂联系调换。

# 前言

为什么要读书？对孩子来说，读书到底意味着什么？

从古至今，中国人都崇尚读书，认为读书是人生的头等大事。北宋著名学者汪洙在《神童诗》中说："万般皆下品，唯有读书高。"北宋黄庭坚说："士大夫三日不读书，则义理不交于胸中，对镜觉面目可憎，向人亦语言无味。"你看，在古人眼里，读书是一种至高无上的修行，不读书则不懂仁义道理，会感到自己面目可憎，与人说话也开始变得枯燥无味。

对求学期间的孩子而言，读书更是天职。读书之于孩子，就像天空之于鸟、水之于鱼那样不可或缺。唐代名臣、书法家颜真卿曾写过一首《劝学》，以此勉励孩子读书：

三更灯火五更鸡，正是男儿读书时。
黑发不知勤学早，白首方悔读书迟。

孩子天不亮就要起床读书，在灯火摇曳中，在雄鸡鸣唱中，读书正在进行。通过读书，孩子掌握知识，领略古今智慧，让自己拥有广博深远的见识和格局。从这里开始，孩子与世界对话，与历史对话，与自己对话。书犹如一道光，照亮孩子内心混沌的暗夜；书犹如一把利斧，劈开孩子内心冰封的大海；书犹如一声春雷，唤醒孩子内心沉睡的思想。

尽管如此，社会上仍有一些孩子厌学，认为不读书也没关系，反正只要肯折腾，自然能够混出名堂。在这个世界上，的确有极少数人，没有读过太多书却获得了成功。这样的个例给了这些孩子不读书的借口。于是，他们看到书本就头疼，一上课就趴在书桌上睡大觉，就这样浑浑噩噩地混日子，白白浪费美好的青春时光。等他们踏入社会，才发现处处需要学问、知识和智慧，一道道门槛犹如不可逾越的鸿沟。他们这才看到残酷的现实，这才意识到自己错了。可惜悔之晚矣！

为什么要读书？孩子读书的目的何在？关于这个问题，古人云："书中自有黄金屋，书中自有千钟粟，书中自有颜如玉。"这是从现实功用角度来分析的，当然有一定的道理。然而，这只是读书表层上的好处，远不是读书的底层逻辑。

除此以外，读书还承担着更为重大的使命。著名学者胡适认为——

> 书是代表人类老祖宗传给我们的知识的遗产，我们接受了这遗产，以此为基础，可以继续发荣光大，更在这基础之上，建立更高深更伟大的知识。人类之所以与别的动物不同，就是因为人有语言文字，可以把知识传给别人，又传至后人，再加以印刷术的发明，许多书报便印了出来。人的脑很大，与猴不同，人能造出语言，后来更进一步而有文字，又能刻木刻字；所以人最大的贡献就是过去的知识和经验，使后人可以节省许多脑力。

根据胡适的说法，读书体现人类进化的优越性，是我们人类与动物之间最大的区别。读书是人类智慧的传承，不读书就像原始社会未开化的野人，又如何能够担得起继往开来改造世界完善社会的重任呢？我们正因善于读书，可以继承老祖宗的知识和智慧，才被称为万物之灵，才能够所向披靡。

不过，我们也要认识到书有好有坏，不是什么书都开卷有益。孟子说："尽信书，不如无书。"南宋诗人陆游说："纸上得来终觉浅，绝知此事要躬行。"可见，读书是有一套方法的，只有读对了，才能受益；如果读错了，非但不能受益，反可能深受其害。我们身边有不少人，读了很多书，但依然改变不了怀才不遇和穷困潦倒的命运。究其原因，就在于没有遵循正确的读书法。类比来看就像病人治病，如果吃错药，其危害比不吃药更大。正在求学的孩子，如果不明白这个道理，后果是十分可怕的。

那么，孩子该如何读书呢？为了解决这一实际问题，我们将目光聚焦在清末至民国这段历史，这是一个新旧思想大碰撞的时代，是动荡乱世出真智慧真思想的时代。为了救国救民，读书人上穷碧落下黄泉，以寻求疗愈中华的药方。这些大师级人物有：梁启超、章炳麟、蔡元培、鲁迅、胡适、老舍、陶行知、朱自清等。他们靠读书改变自己的命运，改变中国的命运。他们是一群爱读书善读书的人，穿越历史的尘埃，透过现象看本质，从书中读出真相和真理，将读书的功用发挥到极致。

为了让孩子明白读书的意义、掌握读书的要诀，我们特精编这本关于读书的"工具书"。书中文章，均为大师原创，原汁原味地呈现他们读书的经历、经验、心得和忠告。大师的正确引领，可以让孩子从一开始就踏入正途，从而不走或少走弯路。书中思想，不仅可以引导孩子更好地读书学习，而且能让孩子彻悟读书之底层逻辑，学以致用，养成独立思考的习惯，真正成为一个经天纬地的大才！

  本书所收录的文章，常被选为中考、高考语文阅读理解的材料，因此翻阅本书，除了能让孩子掌握读书方法之外，还能有效提高他们的语文学习能力，可谓一箭双雕。从某种意义上说，本书正是孩子书桌上不可或缺的读书指南和学习宝典！

一、本书所选文章作者皆为思想界、文学界、教育界、文艺界、科学界等领域名家大师,他们关于读书的观点、经验和心得必能为孩子提供更多切实指导,告诉孩子为什么读书,读书习惯如何养成以及应该如何读书。入选作品已进入公版领域,其作者的影响力得到社会公认,经得住历史和时间的考验。

二、本书所选文章的创作背景为文言到白话的过渡阶段,作者有各自文字风格、时代有特定语言习惯,编者在尊重原文的基础上,尽量为读者减少阅读障碍。

三、本书所选文章以原刊或作者校阅本为底本,并参校他本纠正错误。每篇文章正文完结后,标注文章原版出处。读者阅读困难之处,如需校改,则以"编者注"形式加以注释;作者自己所加注释,则以原文形式保留。

四、本书所选文章标点与今日规范不同者,为尊重作者原意,体现作品原貌,仍依照原作处理。原文无标点或仅有简单断句者,则酌情增补。

五、本书所选文章内容中专名(人名、地名、术语)、译名与今不合者,则一律保留作品原貌,同时以"编者注"形式加以注释说明,将今译版本附上,从而方便读者阅读理解。

六、本书所选文章内容中引用古文及生僻词句者,若影响普通读者顺畅阅读，则以"编者注"形式加以注释说明，为读者阅读扫清障碍。

七、本书所选文章在篇前列作者简介，介绍作者生卒年代、名号、籍贯、职业、著作、成就等情况。该作者后续入选文章，则不再重复。

八、本书所选文章内容个别处在不影响文章原意的基础上有少量改动，此种情况会在文后注明。

九、本书所选文章虽出自名家大师之手，但仍不可视为金科玉律，只可视为一家之言。作为读者，我们应当有所甄别，汲取书中真正有益的营养。

十、本书所选文章个别地方存在背景特殊、专业门槛及文辞古奥等晦涩难懂情况，此时读者不应有畏难情绪。正如难啃的骨头其实更有营养，读者可以借助工具书自行搞懂或向师长请教，一通百通，必将受益无穷。

十一、本书所选文章因出自不同名家之手，观点和经验具有个性化特点，因此不同文章观点可能存在矛盾之处。作为读者，我们当综合分析不同观点，从而提炼出属于自己的真知灼见。

十二、本书所选文章涉及作者众多，加上编辑时间有限，虽一丝不苟、穷尽心力，但仍难以避免出现纰漏之处。作为细心的读者，敬请不吝赐教，在此不胜感激。

## 第一章
## 为什么我们要读书

　　书是代表人类老祖宗传给我们的知识的遗产，我们接受了这遗产，以此为基础，可以继续发荣光大，更在这基础之上，建立更高深更伟大的知识。人类之所以与别的动物不同，就是因为人有语言文字，可以把知识传给别人，又传至后人。

　　003　为什么读书 / 胡适

　　010　读书杂谈 / 鲁迅

　　017　学问之趣味 / 梁启超

　　022　知识的责任 / 罗家伦

　　033　生命的三分之一 / 邓拓

## 第二章
## 读书、求学与人生成长

　　天下最伤心的事，莫过于看着一群好好的青少年，一步一步地往坏路上走。……诸君啊，醒醒吧！养足你的根本智慧，体验出你的人格人生观，保护好你的自由意志。你成人不成人，就看这几年哩！

　　039　为学与做人 / 梁启超

　　047　学做一个人 / 陶行知

050　怎样才配做一个现代学生 / 蔡元培
058　中学生的修养与择业 / 胡适
067　旅客式的学生 / 闻一多
070　人与书 / 郁达夫

第三章
# 读书的习惯和风气

读书，不必先谈方法，要紧的是先养成好读书、好买书的习惯。

075　读书的习惯重于方法 / 胡适
077　读几本书 / 鲁迅
079　论青年读书风气 / 朱自清
083　买书 / 朱自清
086　书塾与学堂 / 郁达夫
092　牛津的书虫 / 许地山
096　读书也要讲"姿势" / 邓拓
099　不要空喊读书 / 邓拓
102　有书赶快读文 / 邓拓

第四章
# 读书的经验和方法

　　有些读者贪图省力，不肯下苦功夫，一见有这些秘诀，满心欢喜，结果就不免上当……历来真正做学问有成就的学者，都不懂得什么秘诀，你即便问他，他实在也说不出。他们有的只是一些读书实践中总结的经验和方法。

109　随便翻翻 / 鲁迅
113　读书 / 胡适

122　读书的方法 / 吕思勉

126　我的读书经验 / 蔡元培

128　读书 / 老舍

132　谈读书 / 老舍

135　谈读书 / 吴晗

138　读书与读自然书 / 李四光

141　阅读什么 / 夏丏尊

149　怎样阅读 / 夏丏尊

157　我的读书的经验 / 章衣萍

161　略谈读书方法 / 邹韬奋

166　"半部论语" / 邓拓

170　杨大眼的耳读法 / 邓拓

173　不要秘诀的秘诀 / 邓拓

177　论百读不厌 / 朱自清

185　读书百宜录 / 张恨水

第五章
## 如何从读书求学中获取真智慧

　　有人以为学问就是智慧，其实有学问的人，何曾都有智慧？世界上有不少学问渊博的人，可是食古不化，食今亦不化，不知融会贯通，举一不能反三，终身都跳不出书本的圈子，实在说不上智慧二字。那么，我们应该如何读书求学中获取真智慧吗？

189　读书与用书 / 陶行知

194　论学问与智慧 / 罗家伦

203　留学的目的和方法 / 章炳麟

214　读书忌 / 鲁迅

216 选择与鉴别 / 老舍

221 储蓄思想 / 老舍

第六章
## 中国人如何读中国书

中国学问界,是千年未开的矿穴。矿苗异常丰富。但非我们亲自绞脑筋绞汗水,却开不出来。翻过来看,只要你绞一分脑筋一分汗水,当然还你一分成绩,所以有趣。

227 治国学杂话 / 梁启超

233 我青年时代的读书生活 / 蔡元培

237 古为今用 / 老舍

242 经典的价值不在实用,而在文化 / 朱自清

245 我学国文的经验 / 周作人

# 第一章
## 为什么我们要读书

  书是代表人类老祖宗传给我们的知识的遗产,我们接受了这遗产,以此为基础,可以继续发荣光大,更在这基础之上,建立更高深更伟大的知识。人类之所以与别的动物不同,就是因为人有语言文字,可以把知识传给别人,又传至后人。

# 为什么读书

文 / 胡适

胡适（1891—1962），原名洪骍，字适之，安徽绩溪人。中国学者。1910年赴美留学，先在康奈尔大学读农科，后改文科。1915年入哥伦比亚大学研究院，师从杜威。1917年回国，任北京大学教授、文学院院长，因提倡文学革命而成为新文化运动领袖之一。1938年出任驻美大使。1946年任北京大学校长。长期从事文化、教育工作，在文学、哲学、历史等领域都有开创性贡献，是现代中国自由主义代表人物。著有《中国哲学史大纲》（上卷）、《尝试集》、《白话文学史》（上卷）等。

从前有一位大哲学家做了一篇《读书乐》，说到读书的好处，他说："书中自有千钟粟，书中自有黄金屋，书中自有颜如玉。"这意思就是说，读了书可以做大官，获厚禄，可以不至于住茅草房子，可以娶得年轻的漂亮太太（台下哄笑）。诸位听了笑起来，足见诸位对于这位哲学家所说的话不十分满意。现在我就讲所以要读书的别的原因。

为什么要读书？有三点可以讲：第一，因为书是过去已经知道的知识学问和经验的一种记录，我们读书便是要接受这人类的遗产；第二，为要读书而读书，读了书便可以多读书；第三，读书可以帮助我们解决困难，应付环境，并可获得思想材料的来源。我一踏进青年会的大门，就看见许多关于读书的标语。为什么读书？大概诸位看了这些标语就都已知道了，现在我就把以上三点更详细地说一说。

第一，因为书是代表人类老祖宗传给我们的知识的遗产，我们接受了这遗产，以此为基础，可以继续发荣光大（编者注：发扬光大），更在这基础之上，建立更高深更伟大的知识。人类之所以与别的动物不同，就是因为人有语言文字，可以把知识传给别人，又传至后人，再加以印刷术的发明，许多书报便印了出来。人的脑很大，与猴不同，人能造出语言，后来更进一步而有文字，又能刻木刻字；所以人最大的贡献就是过去的知识和经验，使后人可以节省许多脑力。非洲野蛮人在山野中遇见鹿，他们就画了一个人和一只鹿以代信，给后面的人叫他们勿追。但是把知识和经验遗给儿孙有什么用处呢？这是有用处的，因为这是前人很好的教训。现在学校里各种教科，如物理、化学、历史，等等，都是根据几千年来进步的知识编纂成书的，一年、两年、或者三年，教完一科。自小学、中学，而至大学毕业，这十六年中所受的教育，都是代表我们老祖宗几千年来得来的知识学问和经验。所谓进化，就是叫人节省劳力，蜜蜂虽能筑巢、能发明，但传下来就只有这一点知识，没有继续去改革改良，以应付环境，没有做格外进一步的工作。人呢，达不到目的，就再去求进步，而以前人的知识学问和经验作参考。如果每样东西，要每个人从头学起，而不去利用过去的知识，那不是太麻烦吗？所以人有了这知识的遗产，就可以自己去成家立业，就可以缩短工作，使有余力做别的事。

第二点稍复杂，就是为读书而读书。读书不是那么容易的一件事情，不读书不能读书，要能读书才能多读书。好比戴了眼镜，小的可以放大，糊涂的可以看得清楚，远的可以变为近。读书也要戴眼镜。眼镜越好，读书的了解力也越大。王安石对曾子固说："读经而已，则不足以知经。"所以他对于本草、内经、小说，无所不读，这样对于经才可以明白一些。王安石说："致其知而后读。"

请你们注意，他不说读书以致知，却说，先致知而后读书。读书固然可以扩充知识；但知识越扩充了，读书的能力也越大。这便是"为读书而读书"的意义。

试举《诗经》做一个例子。从前的学者把《诗经》看作"美""刺"的圣书，越讲越不通。现在的人应该多预备几副好眼镜，人类学的眼镜、考古学的眼镜、文法学的眼镜、文学的眼镜。眼镜越多越好，越精越好。例如"野有死麕，白茅包之。有女怀春，吉士诱之"，我们若知道比较民俗学，便可以知道打了野兽送到女子家去求婚，是平常的事。又如"钟鼓乐之，琴瑟友之"，也不必说什么文王太姒，只可看作少年男子在女子的门口或窗下奏乐唱和，这也是很平常的事。再从文法方面来观察，像

《诗经》里"之子于归""黄鸟于飞""凤凰于飞"的"于"字，此外，《诗经》里又有几百个的"维"字，还有许多"助词""语词"，这些都是有作用而无意义的虚字，但以前的人却从未注意及此。这些字若不明白，《诗经》便不能懂。再说在《墨子》一书里，有点光学、力学，又有点经济学。但你要懂得光学，才能懂得墨子所说的光；你要懂得各种知识，才能懂得《墨子》里一些最难懂的文句。总之，读书是为了要读书，多读书更可以读书。最大的毛病就在怕读书，怕读难书。越难读的书我们越要征服它们，把它们作为我们的奴隶或向导，我们才能够打倒难书，这才是我们的"读书乐"。若是我们有了基本的科学知识，那么，我们在读书时便能左右逢源。我再说一遍，读书的目的在于读书，要读书越多才可以读书越多。

第三点，读书可以帮助解决困难，应付环境，供给思想材料。知识是思想材料的来源。思想可分作五步。思想的起源是大的疑问。吃饭拉屎不用想，但逢着三岔路口、十字街头那样的环境，就发生困难了。走东或走西，这样做或是那样做，有了困难，才有思想。第二步要把问题弄清，究竟困难在哪一点上。第三步才想到如何解决，这一步，俗话叫作出主意。但主意太多，都采用也不行，必须要挑选。但主意太少，或者竟全无主意，那就更没有办法了。第四步就是要选择一个假定的解决方法。要想到这一个方法能不能解决。若不能，那么，就换一个；若能，就行了。这好比开锁，这一个钥匙开不开，就换一个；假定是可以开的，那么，问题就解决了。第五步就是证实。凡是有条理的思想都要经过这步,或是逃不了这五个阶段。科学家要解决问题,侦探要侦探案件,多经过这五步。

这五步之中,第三步是最重要的关键。问题当前,全靠有主意(Ideas)。主意从哪儿来呢?从学问经验中来。没有知识的人,见了问题,两眼白瞪瞪,抓耳挠腮,一个主意都不来。学问丰富的人,见着困难问题,东一个主意,西一个主意,挤上来,涌上来,请求你录用。读书是过去知识学问经验的记录,而知识学问经验就是要用在这时候,所谓养军千日,用在一朝。否则,学问一些都没有,遇到困难就要糊涂起来。例如达尔文把生物变迁现象研究了几十年,却想不出一个原则去整统他的材料。后来无意中看到马尔萨斯的人口论,说人口是按照几何学级数一倍一倍地增加,粮食是按照数学级数增加,达尔文研究了这原则,忽然触机,就把这原则应用到生物学上去,创了物竞天择的学说。读了经济学的书,可以得着一个解决生物学上的困难问题,这便是读书的功用。古人说:"开卷有益",正是此意。读书不是单为文凭功名,只因为书中可以供给学问知识,可以帮助我们解决困难,可以帮助我们思想。又譬如从前的人以为地球是世界的中心,后来天文学家哥白尼却主张太阳是世界的中心,绕着地球而行。据罗素说,哥白尼所以这样解说,是因为希腊人已经讲过这句话;假使希腊没有这句话,恐怕更不容易有人敢说这句话吧。这也是读书的好处。有一家书店印了一部旧小说叫作《醒世姻缘》,要我作序。这部书是西周生所著的,印好后在我家藏了六年,我还不曾考出西周生是谁。这部小说讲到婚姻问题,其内容是这样：有个好老婆，不知何故，后来忽然变坏，作者没有提及解决方法，也没有想到可以离婚，只说是前世作孽，因为在前世男虐待女，女就投生换样子，压迫者变为被压迫者。这种前世作孽，起先相爱，后来忽变的故事，我仿佛什么地方看见过。后来忽然想起《聊斋》（编者注：《聊斋志异》简称）一书中有一篇和这相类似的笔记，也是说到一个女子，起先怎样爱着她的丈夫，后来怎样变为凶太太，便想到这部小说大约是蒲留仙（编者注：蒲松龄，字留仙，《聊斋志异》作者）或是蒲留仙的朋友做的。去年我看到一本杂记，也说是蒲留仙做的，不过没有多大证据。今年我在北京，才找到了证据。这一件事可以解释刚才我所说的第二点，就是读书可以帮助读书，同时也可以解释第三点，就是读书可以供给出主意的来源。当初若是没有主意，到了逢着困难时便要手足无措，所以读书可以解决问题，就是军事、政治、财政、思想等问题，也都可以解决，这就是读书的用处。

我有一位朋友，有一次傍着灯看小说，洋灯装有油，但是不亮，因为灯芯短了。于是他想到《伊索寓言》里有一篇故事，说是一只老鸦要喝瓶中的水，因为瓶太小，得不到水，它就衔石投瓶中，水乃上来。这位朋友是懂得化学的，于是加水于灯中，油乃碰到灯芯。这是看《伊索寓言》给他看小说的帮助。读书好像用兵，养兵求其能用，否则即使坐拥十万二十万的大兵也没有用处，难道只好等他们"兵变"吗？

至于"读什么书"，下次陈钟凡先生讲演，今天我也附带地讲一讲。我从五岁起到了四十岁，读了三十五年的书。我可以很诚恳地说，中国旧籍是经不起读的。中国有五千年文化，四部（编者注：中国古代图书分类名称。将群书分为甲、乙、丙、丁或经、史、子、集四类，称"四部"）的书已是汗牛充栋。究竟有几部书应该读，我也曾经想过。其中有条理有系统的精心结构之作，两千五百年以来恐怕只有半打。"集"是杂货店，"史"和"子"还是杂货店。至于"经"，也只是杂货店，讲到内容，可以说没有一些东西可以给我们改进道德增进知识的帮助的。中国书不够读，我们要另开生路，辟殖民地，这条生路，就是每一个少年人必须至少要精通一种外国文字。读外国语要读到有乐而无苦，能做到这地步，书中便有无穷乐趣。希望大家不要怕读书，起初的确要查阅字典，但假使能下一年苦功，继续不断做去，那么，在一两年中定可开辟一个乐园，还只怕求知的欲望太大，来不及读呢。我总算是老大哥，今天我就根据我过去三十五年读书的经验，给你们这一个临别的忠告。

（本文为1930年11月下旬胡适在上海青年会的演讲，文稿经胡适校正，原载1931年2月《现代学生》第1卷第5期。略有改动）

# 读书杂谈

文 / 鲁迅

鲁迅（1881—1936），原名周树人，字豫才，浙江绍兴人。中国文学家、思想家、革命家，新文化运动的伟大旗手，中国现代文学的奠基人之一。著有小说集《呐喊》《彷徨》《故事新编》，散文集《朝花夕拾》，散文诗集《野草》，杂文集《坟》《热风》《华盖集》《南腔北调集》《且介亭杂文》等。

说到读书，似乎是很明白的事，只要拿书来读就是了，但是并不这样简单。至少，就有两种：一是职业的读书，一是嗜好的读书。所谓职业的读书者，譬如学生因为升学，教员因为要讲功课，不翻翻书，就有些危险的就是。我想在坐的诸君之中一定有些这样的经验，有的不喜欢算学，有的不喜欢博物，然而不得不学，否则，不能毕业，不能升学，和将来的生计便有妨碍了。我自己也这样，因为做教员，有时即非看不喜欢看的书不可，要不这样，怕不久便会于饭碗有妨。我们习惯了，一说起读书，就觉得是高尚的事情，其实这样的读书，和木匠的磨斧头，裁缝的理针线并没有什么分别,并不见得高尚,有时还很苦痛,很可怜。你爱做的事,偏不给你做,你不爱做的,倒非做不可。这是由于职业和嗜好不能合一而来的。倘能够大家去做爱做的事,而仍然各有饭吃,那是多么幸福。但现在的社会上还做不到,所以读书的人们的最大部分,大概是勉勉强强的,带着苦痛的为职业的读书。

现在再讲嗜好的读书吧。那是出于自愿,全不勉强,离开了利害关系的。——我想,嗜好的读书,该如爱打牌的一样,天天打,夜夜打,连续的去打,有时被公安局捉去了,放出来之后还是打。诸君要知道真打牌的人的目的并不在赢钱,而在有趣。牌有怎样的有趣呢,我是外行,不大明白。但听得爱赌的人说,它妙在一张一张地摸起来,永远变化无穷。我想,凡嗜好的读书,能够手不释卷的原因也就是这样。他在每一叶每一叶(编者注:叶即页)里,都得着深厚的趣味。自然,也可以扩大精神,增加智识(编者注:知识)的,但这些倒都不计及,一计及,便等于意在赢钱的博徒了,这在博徒之中,也算是下品。

不过我的意思,并非说诸君应该都退了学,去看自己喜欢看的书去,这样的时候还没有到来;也许终于不会到,至多,将来可以设法使人们对于非做不可的事发生较多的兴味罢了。我现在是说,爱看书的青年,大可以看看本分以外的书,即课外的书,不要只将课内的书抱住。但请不要误解,我并非说,譬如在国文讲堂上,应该在抽屉里暗看《红楼梦》之类;乃是说,应做的功课已完而有余暇,大可以看看各样的书,即使和本业毫不相干的,也要泛览。譬如学理科的,偏看看文学书,学文学的,偏看看科学书,看看别个在那里研究的,究竟是怎么一回事。这样子,对于别人、别事,可以有更深的了解。现在中国有一个大毛病,就是人们大概以为自己所学的一门是最好、最妙、最要紧的学问,而别的都无用,都不足道的,弄这些不足道的东西的人,将来该当饿死。其实是,世界还没有如此简单,学问都各有用处,要定什么是头等还很难。也幸而有各式各样的人,假如世界上全是文学家,到处所讲的不是"文学的分类"便是"诗之构造",那倒反而无聊得很了。

不过以上所说的,是附带而得的效果,嗜好的读书,本人自然并不计及那些,就如游公园似的,随随便便去,因为随随便便,所以不吃力,因为不吃力,所以会觉得有趣。如果一本书拿到手,就满心想道,"我在读书了!""我在用功了!"那就容易疲劳,因而减掉兴味,或者变成苦事了。

我看现在的青年,为兴味的读书的是有的,我也常常遇到各样的询问。此刻就将我所想到的说一点,但是只限于文学方面,因为我不明白其他的。

第一,是往往分不清文学和文章。甚至于已经来动手做批评文章的,也免不了这毛病。其实粗粗地说,这是容易分别的。研究文章的历史或理论的,是文学家,是学者;做做诗,或戏曲小说的,是做文章的人,就是古时候所谓文人,此刻所谓创作家。创作家不妨毫不理会文学史或理论,文学家也不妨做不出一句诗。然而中国社会上还很误解,你做几篇小说,便以为你一定懂得小说概论，做几句新诗，就要你讲诗之原理。我也尝见想做小说的青年，先买小说法程和文学史来看。据我看来，是即使将这些书看烂了，和创作也没有什么关系的。

事实上，现在有几个做文章的人，有时也确去做教授。但这是因为中国创作不值钱，养不活自己的缘故。听说美国小名家的一篇中篇小说，时价是二千美金；中国呢，别人我不知道，我自己的短篇寄给大书铺，每篇卖过二十元。当然要寻别的事，例如教书、讲文学。研究是要用理智，要冷静的，而创作须情感，至少总得发点热，于是忽冷忽热，弄得头昏，——这也是职业和嗜好不能合一的苦处。苦倒也罢了，结果还是什么都弄不好。那证据，是试翻世界文学史，那里面的人，几乎没有兼做教授的。

还有一种坏处，是一做教员，未免有顾忌；教授有教授的架子，不能畅所欲言。这或者有人要反驳：那么，你畅所欲言就是了，何必如此小心。然而这是事前的风凉话，一到有事，不知不觉地他也要从众来攻击的。而教授自身，纵使自以为怎样放达，下意识里总不免有架子在。所以在外国，称为"教授小说"的东西倒并不少，但是不大有人说好，至少，是总难免有令人发烦的炫学的地方。

所以我想，研究文学是一件事，做文章又是一件事。

第二，我常被询问：要弄文学，应该看什么书？这实在是一个极难回答的问题。先前也曾有几位先生给青年开过一大篇书目。但从我看来，这是没有什么用处的，因为我觉得那都是开书目的先生自己想要看或者未必想要看的书目。我以为倘要弄旧的呢，倒不如姑且靠着张之洞的《书目答问》去摸门径去。倘是新的，研究文学，则自己先看看各种的小本子，如本间久雄的《新文学概论》，厨川白村的《苦闷的象征》，瓦浪斯基们的《苏俄的文艺论战》之类，然后自己再想想，再博览下去。因为文学的理论不像算学，二二一定得四，所以议论很纷歧。如第三种，便是俄国的两派的争论，——我附带说一句，近来听说连俄国的小说也不大有人看了，似乎一看见"俄"字就吃惊，其实苏俄的新创作何尝有人绍介，此刻译出的几本，都是革命前的作品，作者在那边都已经被看作反革命的了。倘要看看文艺作品呢，则先看几种名家的选本，从中觉得谁的作品自己最爱看，然后再看这一个作者的专集，然后再从文学史上看看他在史上的位置；倘要知道得更详细，就看一两本这人的传记，那便可以大略了解了。如果专是请教别人，则各人的嗜好不同，总是格不相入的。

　　第三，说几句关于批评的事。现在因为出版物太多了，——其实有什么呢，而读者因为不胜其纷纭，便渴望批评，于是批评家也便应运而起。批评这东西，对于读者，至少对于和这批评家趣旨相近的读者，是有用的。但中国现在，似乎应该暂作别论。往往有人误以为批评家对于创作是操生杀之权，占文坛的最高位的，就忽而变成批评家；他的灵魂上挂了刀。但是怕自己的立论不周密，便主张主观，有时怕自己的观察别人不看重，又主张客观；有时说自己的作文的根柢全是同情，有时将校对者骂得一文不值。凡中国的批评文字，我总是越看越糊涂，如果当真，就要无路可走。印度人是早知道的，有一个很普通的比喻。他们说：

一个老翁和一个孩子用一匹驴子驮着货物去出卖，货卖去了，孩子骑驴回来，老翁跟着走。但路人责备他了，说是不晓事，叫老年人徒步。他们便换了一个地位，而旁人又说老人忍心；老人忙将孩子抱到鞍鞯上，后来看见的人却说他们残酷；于是都下来，走了不久，可又有人笑他们了，说他们是呆子，空着现成的驴子却不骑。于是老人对孩子叹息道，我们只剩了一个办法了，是我们两人抬着驴子走。无论读，无论做，倘若旁征博访，结果是往往会弄到抬驴子走的。

不过我并非要大家不看批评，不过说看了之后，仍要看看本书，自己思索，自己做主。看别的书也一样，仍要自己思索，自己观察。倘只看书，便变成书厨（同"书橱"。讽喻读书多而不能运用的人），即使自己觉得有趣，而那趣味其实是已在逐渐硬化，逐渐死去了。我先前反对青年躲进研究室，也就是这意思，至今有些学者，还将这话算作我的一条罪状哩。

听说英国的培那特萧（Bernard Shaw）（编者注：今译为萧伯纳，英国剧作家、批评家），有过这样意思的话：世间最不行的是读书者。因为他只能看别人的思想艺术，不用自己。这也就是勖本华尔（Schopenhauer）（编者注：今译为叔本华，德国著名哲学家）之所谓脑子里给别人跑马。较好的是思索者。因为能用自己的生活力了，但还不免是空想，所以更好的是观察者，他用自己的眼睛去读世间这一部活书。

这是的确的，实地经验总比看、听、空想确凿。我先前吃过干荔枝，罐头荔枝，陈年荔枝，并且由这些推想过新鲜的好荔枝。

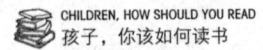

这回吃过了,和我所猜想的不同,非到广东来吃就永不会知道。但我对于萧的所说,还要加一点骑墙(编者注:骑墙比喻立场不明确,站在对立斗争的双方中间,谁也不得罪)的议论。萧是爱尔兰人,立论也不免有些偏激的。我以为假如从广东乡下找一个没有历练的人,叫他从上海到北京或者什么地方,然后问他观察所得,我恐怕是很有限的,因为他没有练习过观察力。所以要观察,还是先要经过思索和读书。

总之,我的意思是很简单的:我们自动的读书,即嗜好的读书,请教别人是大抵无用,只好先行泛览,然后抉择而入于自己所爱的较专的一门或几门;但专读书也有弊病,所以必须和实社会接触,使所读的书活起来。

(本文为鲁迅于1927年7月16日在广州知用中学的演讲稿,原载1927年8月18、19、22日广州《民国日报》副刊《现代青年》第179、180、181期,后收录于《而已集》。略有改动)

# 学问之趣味

文 / 梁启超

梁启超（1873—1929），字卓如，号任公，又号饮冰室主人，广东新会（今江门市新会区）人。中国近代维新派领袖、学者。著作涉及政治、经济、哲学、历史、语言、宗教及文化艺术、文字音韵等。有《饮冰室合集》，今辑有《梁启超全集》。

我是个主张趣味主义的人，倘若用化学化分"梁启超"这件东西，把里头所含一种原素名叫"趣味"的抽出来，只怕所剩下仅有个〇了。我以为，凡人必常常生活于趣味之中，生活才有价值。若哭丧着脸挨过几十年，那么，生命便成沙漠，要来何用？中国人见面最喜欢用的一句话："近来作何消遣？"这句话我听着便讨厌。话里的意思，好像生活得不耐烦了，几十年日子没有法子过，勉强找些事情来消它遣它。一个人若生活于这种状态之下，我劝他不如早日投海！我觉得天下万事万物都有趣味，我只嫌二十四点钟不能扩充到四十八点，不够我享用。我一年到头不肯歇息，问我忙什么？忙的是我的趣味。我以为这便是人生最合

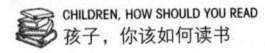

理的生活，我常常想运动别人也学我这样生活。

凡属趣味，我一概都承认它是好的，但怎么样才算"趣味"，不能不下一个注脚。我说："凡一件事做下去不会生出和趣味相反的结果的，这件事便可以为趣味的主体。"赌钱趣味吗？输了怎么样？吃酒趣味吗？病了怎么样？做官趣味吗？没有官做的时候怎么样？……诸如此类，虽然在短时间内像有趣味，结果会闹到俗语说的"没趣一起来"，所以我们不能承认它是趣味。凡趣味的性质，总要以趣味始以趣味终，所以能为趣味之主体者，莫如下列几项：一、劳作；二、游戏；三、艺术；四、学问。诸君听我这段话，切勿误会，以为我用道德观念来选择趣味。我不问德不德，只问趣不趣。我并不是因为赌钱不道德才排斥赌钱，因为赌钱的本质会闹到没趣，闹到没趣便破坏了我的趣味主义，所以排斥赌钱；我并不是因为学问是道德才提倡学问，因为学问的本质能以趣味始以趣味终，最合于我的趣味主义条件，所以提倡学问。

学问的趣味，是怎么一回事呢？这句话我不能回答。凡趣味总要自己领略，自己未曾领略得到时，旁人没有法子告诉你。佛典说的："如人饮水，冷暖自知。"你问我这水怎样的冷，我便把所有形容词说尽，也形容不出给你听，除非你亲自喝一口。我这题目——学问之趣味，并不是要说学问如何如何的有趣味，只要如何如何便会尝得着学问的趣味。

诸君要尝学问的趣味吗？据我所经历的有下列几条路应走：

第一，"无所为"。趣味主义最重要的条件是"无所为而为"。凡有所为而为的事,都是以另一件事为目的而以这件事为手段。为达目的起见勉强用手段,目的达到时,手段便抛却。例如学生为毕业证书而做学问,著作家为版权而做学问,这种做法,便是以学问为手段,便是有所为。有所为虽然有时也可以为引起趣味的一种方面,但到趣味真发生时,必定要和"所为者"脱离关系。你问我"为什么做学问"?我便答道:"不为什么。"再问,我便答道:"为学问而学问。"或者答道:"为我的趣味。"诸君切勿以为我这些话掉弄玄机,人类合理的生活本来如此。小孩子为什么游戏?为游戏而游戏;人为什么生活?为生活而生活。为游戏而游戏,游戏便有趣;为体操分数而游戏,游戏便无趣。

第二,不息。"鸦片烟怎样会上瘾?""天天吃。""上瘾"这两个字,和"天天"这两个字是离不开的。凡人类的本能,只要哪部分隔久了不用,它便会麻木会生锈。十年不跑路,两条腿一定会废了;每天跑一点钟,跑上几个月,一天不得跑时,腿便发痒。人类为理性的动物,"学问欲"原是固有本能之一种;只怕你出了学校便和学问告辞,把所有经管学问的器官一齐打落冷宫,把学问的胃弄坏了,便山珍海味摆在面前也不愿意动筷子。诸君啊!诸君倘若现在从事教育事业或将来想从事教育事业,自然没有问题,很多机会来培养你学问胃口。若做别的职业呢?我劝你每日除本业正当劳作之外,最少总要腾出一点钟,研究你所嗜好的学问。一点钟哪里不消耗了?千万别要错过,闹成"学问胃弱"的症候,白白自己剥夺了一种人类应享之特权啊!

第三,深入地研究。趣味总是慢慢地来,越引越多,像那吃甘蔗，越往下才越得好处。假如你虽然每天定有一点钟做学问，但不过拿来消遣消遣，不带有研究精神，趣味便引不起来。或者今天研究这样明天研究那样，趣味还是引不起来。趣味总是藏在深处，你想得着，便要入去。这个门穿一穿，那个窗户张一张，再不会看见"宗庙之美，百官之富"，如何能有趣味？我方才说，"研究你所嗜好的学问"，嗜好两个字很要紧。一个人受过相当的教育之后，无论如何，总有一两门学问和自己脾胃相合，而已经懂得大概可以做加工研究之预备的。请你就选定一门作为终身正业，或作为本业劳作以外的副业。不怕范围窄，越窄越便于聚精神；不怕问题难，越难越便于鼓勇气。你只要肯一层一层地往里面钻，我保你一定被它引到"欲罢不能"的地步。

第四，找朋友。趣味比方电，越摩擦越出。前两段所说，是靠我本身和学问本身相摩擦，但仍恐我本身有时会停摆，发电力便弱了，所以常常要仰赖别人帮助。一个人总要有几位共事的朋友，同时还要有几位共学的朋友。共事的朋友，用来扶持我的职业；共学的朋友和共顽的朋友同一性质，都是用来摩擦我的趣味。这类朋友，能够和我同嗜好一种学问的自然最好，我便和他研究。即或不然——他有他的嗜好，我有我的嗜好，只要彼此都有研究精神，我和他常常在一块或常常通信，便不知不觉把彼此趣味都摩擦出来了。得着一两位这种朋友，便算人生大幸福之一。我想只要你肯找，断不会找不出来。

我说的这四件事，虽然像老生常谈，但恐怕大多数人都不曾会这样做。哎！世上人多么可怜啊！有这种不假求外、不会蚀本、不会出毛病的趣味世界,竟自没有几个人肯来享受!古书上说的故事"野人献曝",我是尝冬天晒太阳的滋味尝得舒服透了,不忍一人独享,特地恭恭敬敬地来告诉诸君。诸君或者会欣然采纳吧?但我还有一句话:太阳虽好,总要诸君亲自去晒,旁人却替你晒不来。

(本文为1922年8月6日梁启超在东南大学为暑期学校学员的讲演,后收入《饮冰室合集·文集》第39卷)

# 知识的责任

文 / 罗家伦

罗家伦（1897—1969），字志希，浙江绍兴人。中国著名教育家、思想家和社会活动家。1917年入北京大学学习，参与发起组织新潮社，创办《新潮》月刊，是五四运动中的学生领袖。南京国民党政府建立后任中央党务学校副主任，清华大学、中央大学校长等。著有《科学与玄学》《中山先生伦敦蒙难史料考订》等。

要建立新人生观，除了养成道德的勇气而外，还要能负起知识的责任（Intellectual Responsibility）。本来责任是人人都有的，无论是耕田的、做工的、从军的，或者是任政府官吏的，都各有各的责任。为什么我要特别提出"知识的责任"来讲？知识是人类最高智慧发展的结晶，是人类经验中最可珍贵的宝藏，不是人人都能取得、都能具备的；因此凡有求得知识机会的人，都可说是得天独厚，享受人间特惠的人，所以都应该负一种特殊的责任。而且知识是精神生活的要素，是指挥物质生活的原动力，是我们一切行为的最高标准。倘使有知识的人不能负起他特殊的责任，那他的知识就是无用的，不但无用，并且受了糟蹋。糟蹋知识是人间的罪恶，因为这是阻碍或停滞人类文化的发达和进步。所以知识的责任问题，值得我们加以严重的注意。我们忝（编者注：谦辞，表示因辱没他人而有愧）属于所谓知识分子，尤其觉得这是一个切身问题。

所谓知识的责任，包含三层意义：

第一是要有负责的思想。思想不是空想，不是幻想，不是梦想，而是搜集各种事实的根据，加以严格逻辑的审核，而后构成的一种有周密系统的精神结晶。所以一知半解，不足以称为成熟的思想，强不知以为知，更不能称为成熟的思想。思想是不容易成立的，必须要经过逻辑的陶熔，科学的锻炼。凡是思想家，都是不断的劳苦工作者。"焚膏油而继晷，恒兀兀以穷年。"他的求知的活动，是一刻不停的，所以他才能孕育出伟大成熟的思想，以领导一世的思想。思想家都是从艰难困苦中奋斗出来的。他们为求真理而蒙受的牺牲，绝不亚于在战场上鏖战的牺牲。拿科学的实验来说，譬如在实验室里试验炸药的人，被炸伤或炸死者，不知多少；又如到荒僻的地方调查地质、生物、人种的人，或遇天灾而死，或染疾而死，或遭盗匪蛮族杀害而死的，也不知多少。他们从这种艰苦危难之中得来的思想，自然更觉得亲切而可以负责。西洋学者发表一篇学术报告或论文，都要自己签字，这正是负责的表现。

其次是除有负责的思想而外，还要能对负责的思想去负责。思想既是不易得到的真理，则一旦得到以后，就应该负一种推进和扩充的责任。真理是不应埋没的，是要发表的。在发表以前，固应首先考虑它是不是真理，可不可以发表；但是既已考虑发表以后，苟无新事实、新理论的发现和修正，或是为他人更精辟的学说所折服，那就应当本着大无畏的精神把它更尖锐地推进，更广大地扩充。我们读西洋科学史，都知道科学家为真理的推进和扩充而奋斗牺牲的事迹，真是"史不绝书"。譬如哥白尼（Copernicus）最先发现地动学说，说太阳是不动的，地球及其他行星都在它的周围运行，他就因此受了教会多少的阻碍。后来布鲁诺（Bruno）出来，继续研究，承认了这个真理，极力传播，弄到触犯了教会的大怒，不仅是被捕入狱，而且被"点天灯"而死。伽利略（Galileo）继起，更加以物理学的证明，去阐扬这种学说，到老年还铁锁琅珰，饱受铁窗的风味。他们虽受尽压迫和困辱，但始终都坚持原来的信仰，有"鼎镬甘如饴，求之不可得"的态度。他们虽因此而牺牲，但是科学上的真理，却因为他们的牺牲而确定。像这种对于思想负责的精神，才正是推动人类文化的伟大动力。

　　再进一层说，知识分子既然得天独厚，受了人间的特惠，就应该对于国家民族社会人群，负起更重大的责任来。世间亦唯有知识分子才有机会去发掘人类文化的宝藏，才有特权去承受过去时代留下最好的精神遗产。知识分子是民族最优秀的分子，同时也是国家最幸运的宠儿。如果不比常人负更重更大的责任，如何对得起自己天然的禀赋？如何对得起国家民族的赐予？又如何对得起历代先哲的伟大遗留？知识分子在中国向称为"士"。曾子说:"士不可以不弘毅,任重而道远。仁以为己任,不亦重乎?死而后已,不亦远乎?"身为知识分子,就应该抱一种舍我其谁至死无悔的态度,去担当领导群伦(编者注:同类或同等的人们)继往开来的责任。当民族生死存亡的紧急关头,知识分子的责任尤为重大。范仲淹主张"先天下之忧而忧,后天下之乐而乐"。必须有这种抱负,才配做知识分子。他的"胸中十万甲兵"(编者注:应为"胸中自有数万甲兵"),也是由此而来的。

提起中国的知识分子,我们很觉痛心。中国社会一般的通病,就是不负责任,而以行政的部分为尤甚(这当然是指行政的一部分而言)。从前的公文程式,是不用引号的;办稿的时候,引到来文不必照抄,只写"云云"二字,让书吏照原文补写进去。传说沈葆桢做某省巡抚,发现某县的来文上,书吏照抄云云二字,不曾将原引来文补入,该县各级负责人员,也不曾觉察。于是他很幽默地批道,"吏云云,幕云云,官亦云云,想该县所办之事,不过云云而已。"这是一个笑话,但是很足以形容中国官僚政治的精神。中国老官僚办公事的秘诀,是不负责任,推诿责任。所以上级官厅对下的公事,是把责任推到下面去;下级官厅对上的公事,是把责任推到上面去。责任是一个皮球,上下交踢。踢来踢去的结果,竟和火线中间,有一段"无人之境"(No man's land)一样。这是行政界的通病,难道知识界就没有互相推诿不负责任的情形吗?有几多人挺身而出,本着自己的深信,拿出自己的担当来说,这是我研究的真理,这是我服务的责任,我不退缩,我不推诿!这种不负责任的病根,诊断起来,由于下列各点:

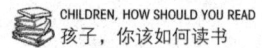

**第一是缺少思想的训练**

他的思想，不曾经过严格的纪律，因此已有的思想固不能发挥，新鲜的思想也无从产生。外国的思想家常提倡一种严正而有纪律的思想（"Rigorous thinking"）就是一种用逻辑的烈火来锻炼过的思想。正确的思想是不容易获得的，必得经过长期的痛苦，严格的训练，然后才能为我所有。思想的训练，是教育上的重大问题。历次世界教育会议，对于这个问题，都曾加以讨论。有人主张研究社会科学的人，他也得学高深的数学，不是因为他用得着这些数学，乃是因为这种数学是他思想的训练。思想是要有纪律的。思想的纪律，绝不是去束缚思想，而是去引申思想，发展思想。中国知识界现在就正缺少这种思想上的锻炼。

**第二是容易接受思想**

中国人向来很少人坚持他特有的思想，所以最容易接受他人的思想。有人说中国人在思想上最为宽大，最能容忍，这是美德，不是毛病。但是思想这件事，是就是是，非就是非，谈不到什么宽大和容忍。不是东风压倒西风，便是西风压倒东风。哥白尼主张地动说，固且自己深信是对的；就是布鲁诺和伽利略研究这个学说认为他是对的以后，也就坚决地相信他、拥护他，至死终不改变。试看西洋科学与宗教战争史中，为这学说奋斗不懈，牺牲生命的人，要有多少。这才是对真理应有的态度。中国人向来相信天圆地方，"气之轻清，上浮者为天，气之重浊，下凝者为地。"但是西洋的地动学说一传到中国，中国人立刻就说也是圆的，马上接受，从未发生过流血的惨剧。又如达尔文的生物进化论，也是经过多少年宗教的反对，从苦斗中才挣扎出来的。直至1911年，德国还有一位大学教授，因讲进化论而被辞退；甚至到了1921年，美国田纳西（Tennessee）州，还有一位中学教员因讲进化论而遭诉讼。这虽然可以说是他们守旧势力的顽固，但是也可表现西洋人对于新思想的接受不是轻易的。可是在中国却不然。中国人本来相信盘古用金斧头开天辟地。"自从盘古开天地，三皇五帝定乾坤"，不是多少本小说书上都有吗？但是后来进化论一传进来，也就立刻说起天演和物竞天择和人类是猴子变来的（其实人类是猴子的"老表"）。人家是经过生物的实验而后相信的，我们呢？我们只是因为严复译了赫胥黎的《天演论》，文章做得极好，吴挚甫恭维他"骎骎乎周秦诸子矣"一来，于是全国风从了。像这样容易接受思想，只足以表示我们的不认真、不考虑，哪里是我们的美德？容易得，也就容易失；容易接受思想，也就容易把它丢掉。这正是中国知识界最显著的病态。现在中国愈是中学生愈是一知半解的人，愈好谈主义，就是这个道理。

**第三是混沌的思想**

既没有思想的训练，又容易接受外来的思想，其当然的结果，就是思想的混沌。混沌云者，就是混合不清。况且这种混合是物理上的混合，而不是化学上的化合，上下古今，不分皂白，搅在一起，这就是中国思想混合的方式。我不是深闭固拒，不赞成采取他人好的思想，只是采取他人的思想，必须加以自己的锻炼，才能构成自己思想的系统。这才真是化合呢！西洋人也有主张调和的，但是调和要融合（Harmony）才对，不然只是迁就（Compromise）；真理是不能迁就的。我常怪中国的思想中，"杂家"最有势力。如春秋战国时代，百家争鸣，极端力行的墨，虚寂无为的老，都是各树一帜，思想上的分野是很清楚的。等到战国收场的时候，却有吕氏春秋出现，混合各派，成为一个"杂家"。汉朝斥百家而尊儒孔，实际上却尚黄老，结果淮南子得势，混合儒道，又是一个杂家。这种混杂的情形，直至今日，仍相沿未改。二十年前我取了一个"古今中外派"的名词，就是形容这种思想混杂的人。丈夫信仰基督教，妻子不妨念佛，儿子病了还要请道士"解太岁"。这是何等的容忍！容忍到北平大出丧，一班和尚、一班道士、一班喇嘛、一班军乐队，同时并列，真是蔚为奇观！这真是中国人思想的缩影！

**第四是散漫的思想**

这种是片断的、琐碎的、无组织的思想。散漫的思想固然由于思想无严格的训练，但是主要的原因还是由于懒。这思想的方式常靠触机，只是灵机一来，思想就在这机来的一刹那停止了，不追求下去了。这如何能发生系统的思想，精密的思想？于是成了"万物皆出于几，万物皆入于几"的现象。他只是让他的思想，像电光石火一样地一阵阵地过去。有时候他的思想未始不聪明，不过他的聪明就止于此，六朝人的隽语，是由此而来的。《世说新语》的代代风行也是为此。中国人的善于"玩字"，没有其他的理由。因此系统的、精密的专门哲学，在中国很难产生。因此中国文学里很少有西洋式如弥尔顿的《天国云亡》，歌德的《浮士德》那般成本的长诗。因此笔记小说为文人学士消闲的无上神品。现在还有人提倡沈三白《浮生六记》和小品文艺，正是这种思想的斜晖落照！不把思想的懒根性去掉，系统的伟大思想是不会产生的。

### 第五是颓废的思想

颓废的思想是思想界的鸦片烟，是民族的催眠术——并且由催眠术而进为催命符。颓废的思想就是没有气力的思想，没有生力的思想。什么东西一经过他思想的沙滤缸，都是懒洋洋的。颓废的思想所发生的影响，就是颓废的行为。以现在的文艺品来说吧，有许多是供闺秀们消闲的，是供老年人娱晚景的。有钱的人消闲可以，这是一格；但是我们全民族是在没有饭吃的时候，没有生存余地的时候呀！老年人消闲可以，因为他的日子是屈指可算的，但是给青年人读可为害不浅了。而现在喜欢读这些刊物的反而是青年人！文人喜欢诗酒怡情，而以李太白为护符。是的，李太白是喜欢喝酒。"李白斗酒诗百篇"。你酒是喝了，但是像李太白那样的一百篇诗呢？我们学李太白更不要忘记他是"十五学剑术，遍干诸侯，三十成文章，力抵卿相，虽长不满七尺，而心雄万夫"的人呀！你呢？颓废的思想不除，民族的生力不能恢复！

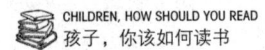

**第六不能从力行中体会思想**

更以思想证诸力行。中国的文人,中国的"士",是最长于清谈的,最长于享受的。在魏晋六朝是"清谈",在以后是蜕化而为"清议"。清谈、清议是最不负责任的思想的表现。南宋是清议最盛的时代,所以弄到"议未定而金兵已渡河"。明末也是清议最盛的时代,所以弄到忠臣义士,凡事不能做有计划的进行,逼得除了一死以外,无以报国。"清议可畏",真是可畏极了!横直自己不干,人家干总是可以说风凉话了。自己叹叹气,享享乐吧。"且以喜乐,且以永日,我躬不阅,遑恤我后。"老实说,现在我们国内的知识分子,也不免宋明的清议风气,只是享乐换了一套近代化的方式。我九年前到北平去,看见几位知识界的朋友们,自己都有精致的客厅,优美的庭园,莳着名卉异草,认为不足的时候,还可到北海公园去散散步。我当时带笑地说道,现在大家是"花萼夹城通御气",恐怕不久要"芙蓉小苑入边愁"。现在回想起来,字字都是伤心之泪。这不仅是北平如此,他处又何独不然?我们还知道近年来通都大邑有"沙龙"的风气吗?"我们太太的沙龙"是见诸时人小说的。很好,有空闲的下午,在精致的客厅里,找几位时髦的女士在一道,谈谈文艺,谈谈不负责任的政治。是的,这是法国的风气,巴黎有不少的沙龙,但是法国当年还靠莱茵河那边绵延几百里的马奇诺防线(编者注:今译"马其诺防线")呀!哪知道纸醉金迷的结果,铜墙铁壁的马奇诺竟全不可靠。色当一役,使堂堂不可一世的头等强国,重踏拿破仑第三时代的覆辙，夷为奴隶牛马，这是历史上何等的悲剧？我不否认享乐是人生应有的一部分，只是要看环境和时代。我们的苦还没有动头呢！我们不愿意苦，敌人也还是要逼得我们苦的。"来日大难"，现在就是，何待来日？我们现在都应忏悔。我们且先从坚苦卓绝的力行里体会我们的思想，同时把我们坚强而有深信的思想，放射到力行里面去。

以上的话，是我们互责的话，也是我们互勉的话。因为如果我脑筋里还有一格兰姆知识的话。我或者也可以忝附于知识分子之列。我所犯的毛病，同样的也太多了。不过我们要改造民族的思想的话，必定先要自己负起知识的责任来。尤其是在现在，知识分子对于青年的暗示太大了。我们对于青年现在最不可使他们失望，使他们丧失民族的自信心。我们稍见挫折，便对青年表示无办法，是最不可以的事。领导青年的知识分子尚且如此，试问青年心理的反应何如？我们要告诉他们世界上没有没办法的事，民族断无绝路，只要我们自己的脑筋不糊涂！知识是要解决问题的。知识不怕困难。知识就是力量。而且这种力量如此之大，凡是物质的力量透不进去的地方，知识的力量可以先透进去。知识的力量透过去之后，物质的力量，就会跟着透过去。全部的人类文化史，可以说明我这句话。我们只要忠诚地负起知识的责任来，什么困难危险都可以征服！

顾亭林说道："天下兴亡，匹夫有责。"何况知识分子？他又说："有亡国者，有亡天下者。"他所谓"亡国"，是指朝代的更换，他所谓"亡天下"，是指民族的灭亡。现在我们的问题，是要挽回亡天下、亡民族的大劫。在这时候，知识分子如不负起这特别重大的责任来，还有谁负？我觉得我们知识分子今后在学术方面要有创作、有贡献；在事业方面要有改革、有建树。我们不但要研究真理，并且要对真理负责。我们尤其要先努力把国家民族渡过这难关。不然，我们知识分子一定要先受淘汰，连我也要咒诅我们知识分子的灭亡。

（本文原载 1938 年 6 月 27 日《新民族》第 1 卷第 18 期，经改写辑入《新人生观》）

# 生命的三分之一

文 / 邓拓

邓拓（1912—1966），原名子健、云特，笔名马南邨、丁曼公、向阳生等，福建闽侯（今福州）人。杰出的新闻工作者。1949 年后，任《人民日报》社社长兼总编辑、中华全国新闻工作者协会主席、《前线》杂志主编等职。著有《燕山夜话》等，主要著作收入《邓拓文集》（4 卷）。

一个人的生命究竟有多大意义，这有什么标准可以衡量吗？提出一个绝对的标准当然很困难；但是，大体上看一个人对待生命的态度是否严肃认真，看他对待劳动、工作等等的态度如何，也就不难对这个人的存在意义做出适当的估计了。

古来一切有成就的人，都很严肃地对待自己的生命，当他活着一天，总要尽量多劳动、多工作、多学习，不肯虚度年华，不让时间白白地浪费掉。我国历代的劳动人民以及大政治家、大思想家等等都莫不如此。

班固写的《汉书·食货志》上有下面的记载：

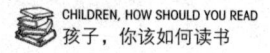

> 冬，民既入；妇人同巷，相从夜绩，女工一月得四十五日。

这几句读起来很奇怪，怎么一月能有四十五天呢？再看原文底下颜师古做了注解，他说："一月之中，又得夜半为十五日，共四十五日。"

这就很清楚了。原来我国的古人不但比西方各国的人更早地懂得科学地、合理地计算劳动日；而且我们的古人老早就知道对于日班和夜班的计算方法。

一个月本来只有三十天，古人把每个夜晚的时间算作半日，就多了十五天。从这个意义上说来，夜晚的时间实际上不就等于生命的三分之一吗？

对于这三分之一的生命，不但历代的劳动人民如此重视，而且有许多大政治家也十分重视。班固在《汉书·刑法志》里还写道：

> 秦始皇躬操文墨，昼断狱，夜理书。

有的人一听说秦始皇就不喜欢他，其实秦始皇毕竟是中国历史上的一个伟大人物，班固对他也还有一些公平的评价。这里写的是秦始皇在夜间看书学习的情形。

据刘向的《说苑》所载，春秋战国时有许多国君都很注意学习。如：

晋平公问于师旷曰：吾年七十，欲学恐已暮矣。师旷曰：何不秉烛乎？

在这里，师旷劝七十岁的晋平公点灯夜读，拼命抢时间，争取这三分之一的生命不至于继续浪费，这种精神多么可贵啊！

《北史·吕思礼传》记述这个北周大政治家生平勤学的情形是：

虽务兼军国，而手不释卷。昼理政事，夜即读书，令苍头执烛，烛烬夜有数升。

光是烛灰一夜就有几升之多，可见他夜读何等勤奋了。像这样的例子还有很多。

为什么古人对于夜晚的时间都这样重视，不肯轻轻放过呢？我认为这就是他们对待自己生命的三分之一的严肃认真态度，这正是我们所应该学习的。

我之所以想利用夜晚的时间，向读者同志们做这样的谈话，目的也不过是要引起大家注意珍惜这三分之一的生命，使大家在整天的劳动、工作以后，以轻松的心情，领略一些古今有用的知识而已。

（本文署名为马南邨，原载1961年3月19日《北京晚报》的《燕山夜话》专栏，后收入杂文集《燕山夜话》第1集）

第二章

## 读书、求学与人生成长

　　天下最伤心的事,莫过于看着一群好好的青少年,一步一步地往坏路上走。……诸君啊,醒醒吧!养足你的根本智慧,体验出你的人格人生观,保护好你的自由意志。你成人不成人,就看这几年哩!

# 为学与做人

文 / 梁启超

诸君！我在南京讲学将近三个月了。这边苏州学界里头，有好几回写信邀我，可惜我在南京是天天有功课的，不能分身前来。今天到这里，能够和全城各校诸君聚在一堂，令我感激得很。但有一件，还要请诸君原谅：因为我一个月以来，都带着些病，勉强支持，今天不能做很长的讲演，恐怕有负诸君的期望哩。

问诸君"为什么进学校？"我想人人都会众口一辞地答道："为的是求学问。"再问："你为什么要求学问？""你想学些什么？"恐怕各人的答案就很不相同，或者竟自答不出来了。诸君啊！我替你们回答一句吧："为的是学做人。"你在学校里头学的什么数学、几何、物理、化学、生理、心理、历史、地理、国文、英语，乃至什么哲学、文学、科学、政治、法律、经济、教育、农业、工业、商业等等，不过是做人所需要的一种手段，不能说专靠这些便达到做人的目的，任凭你把这些件件学得精通，你能够成个人不成个人还是个问题。

人类心理，有知、情、意三部分。这三部分圆满发达的状态，

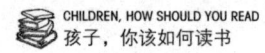

我们先哲名为三达德——智、仁、勇。为什么叫作"达德"呢？因为这三件事是人类普通道德的标准，总要三件具备，才能成一个人。三件的完成状态怎么样呢？孔子说："知者不惑，仁者不忧，勇者不惧。"所以教育应分为知育、情育、意育三方面。现在讲的智育、德育、体育，不对。德育范围太笼统，体育范围太狭隘。——知育要教到人不惑，情育要教到人不忧，意育到教到人不惧。教育家教学生，应该以这三件为究竟；我们自动地自己教育自己，也应该以这三件为究竟。

**怎么样才能不惑呢？**

最要紧的是养成我们的判断力。想要养成判断力：第一步，最少须有相当的常识；进一步，对于自己要做的事须有专门知识；再进一步，还要有遇事能断的智慧。假如一个人连常识都没有，听见打雷，说是雷公发威；看见月食，说是虾蟆（编者注：即蛤蟆）贪嘴。那么，一定闹到什么事都没有主意，碰到一点疑难问题，就靠求神问卜、看相算命去解决。真所谓"大惑不解"，成了最可怜的人了。学校里小学、中学所教，就是要人有了许多基本的常识，免得凡事都暗中摸索。但仅仅有这点常识还不够。我们做人，总要各有一件专门职业；这门职业，也并不是我一人破天荒去做，从前已经许多人做过。他们积了无数经验，发见（编者注：发现）出好些原理原则，这就是专门学识。我打算做这项职业，就应该有这项专门的学识。例如我想做农吗：怎样的改良土壤，怎样的改良种子，怎样的防御水旱病虫……等等，都是前人经验有得成为学识的。我们有了这种学识，应用它来处置这些事，自然会不惑，反是则惑了。做工、做商……等等，都各各有它的专门学识，也是如此。我想做财政家吗：何种租税可以生出何样结果，何种公债可以生出何样结果……等等，都是前人经验有得成为学识的。我们有了这种学识，应用它来处置这些事，自然会不惑，反是则惑了。教育家、军事家……等等，都各各有它的专门学识，也是如此。我们在高等以上学校所求的知识，就是这一类。但专靠这种常识和学识就够吗？还不能。宇宙和人生是活的，不是呆的；我们每日所碰见的事理是复杂的、变化的，不是单纯的印板（编者注：比喻死板不变）的。倘若我们只是学过这一件才懂这一件，那么，碰着一件没有学过的事来到跟前，便手忙脚乱了。所以还要养成总体的智慧，才能有根本的判断力。这种总体的智慧如何才能养成呢？第一件：要把我们向来粗浮的脑筋，着实磨炼它，叫它变成细密而且踏实。那么，无论遇着如何繁难的事，我都可以彻头彻尾想清楚它的条理，自然不至于惑了。第二件：要把我们向来昏浊的脑筋，着实将养它，叫它变成清明。那么，一件事理到跟前，我才能很从容很莹澈地去判断它，自然不至于惑了。以上所说常识、学识和总体的智慧，都是智育的要件，目的是教人做到知者不惑。

**怎么样才能不忧呢？**

为什么仁者便会不忧呢？想明白这个道理，先要知道中国先哲的人生观是怎么样。"仁"之一字，儒家人生观的全体大用都包在里头。"仁"到底是什么？很难用言语说明，勉强下个解释，可以说是："普遍人格之实现。"孔子说："仁者人也。"意思说是人格完成就叫作"仁"。但我们要知道，人格不是单独一个人可以表见的，要从人和人的关系上看出来。所以仁字从二人，郑康成（编者注：郑玄，字康成，东汉经学家）解它作"相人偶"（编者注：互相致意，表示相亲相敬）。总而言之，要彼我交感互发，成为一体，然后我的人格才能实现。所以我们若不讲人格主义，那便无话可说。讲到这个主义，当然归宿到普遍人格。换句话说：宇宙即是人生，人生即是宇宙，我们的人格和宇宙无二区别。体验得这个道理，就叫作"仁者"。然则这种仁者为什么就会不忧呢？大凡忧之所从来，不外两端，一曰忧成败，二曰忧得失。我们得着"仁"的人生观，就不会忧成败。为什么呢？因为我们知道宇宙和人生是永远不会圆满的，所以《易经》六十四卦，始"乾"而终"未济"。正为在这永远不会圆满的宇宙中，才永远容得我们创造、进化。我们所做的事，不过在宇宙进化几万万里的长途中，往前挪一寸两寸，哪里配说成功呢？然则不做怎么样呢？不做便连这一寸两寸都不往前挪，那可真真失败了。"仁者"看透这种道理，信得过只有不做事才算失败，凡做事便不会失败。所以《易经》说："君子以自强不息。"换一方面来看：他们又信得过凡事不会成功的，几万万里路挪了一两寸，算成功吗？所以《论语》："知其不可而为之。"你想！有这种人生观的人，还有什么成败可忧呢？再者：我们得着"仁"的人生观，便不会忧得失。为什么呢？因为认定这件东西是我的，才有得失之可言。连人格都不是单独存在，不能明确地划出这一部分是我的，那一部分是人家的，然则哪里有东西可以为我们所得？既已没有东西为我所得，当然也没有东西为我所失。我只是为学问而学问，为劳动而劳动，并不是拿学问、劳动等等做手段来达某种目的——可以为我们"所得"的。所以老子说："生而不有，为而不恃。"（编者注：养育万物而不占为己有，对万物有所作为但却不自恃其能。）"既以为人己愈有，既以与人己愈多。"（编者注：尽力照顾别人，他自己也更为充足；他尽力给予别人，自己反而拥有更多。）你想！有这种人生观的人，还有什么得失可忧呢？总而言之，有了这种人生观，自然会觉得"天地与我并生，而万物与我为一"，自然会"无入而不自得"。他的生活，纯然是趣味化、艺术化。这是最高的情感教育，目的教人做到"仁者不忧"。

**怎么样才能不惧呢？**

有了不惑、不忧功夫，惧当然会减少许多了。但这是属于意志方面的事；一个人若是意志力薄弱，便有很丰富的知识，临时也会用不着；便有优美的情操，临时也会变了卦。然则意志怎么才会坚强呢？头一件须要心地光明，孟子说："浩然之气，至大至刚。行有不慊于心，则馁矣。"（编者注：这种正气，极其浩大，极其有力量，极其刚强。如果你的行为问心有愧，这种气就会虚弱衰败。）又说："自反而不缩，虽褐宽博，吾不惴焉；自反而缩，虽千万人，吾往矣。"（编者注：自我反省，觉得是我理屈，即使对方是穿粗衣的卑贱之人，我也不会吓唬他。自我反省，觉得理直，即使对方有千万人之众，我一定要前去和他们论个是非曲直。）俗话说得好："生平不做亏心事，夜半敲门心不惊。"一个人要保持勇气，须要从一切行为可以公开做起，这是第一著（编者注：同"着"）。第二件要不为劣等欲望之所牵制。《论语》记："子曰：吾未见刚者。或对曰：申枨。子曰：枨也欲，焉得刚？"（编者注：孔子说："我没有见过刚毅不屈的人。"有人回答说："申枨是这样的人。"孔子说："申枨啊，他的欲望太多，怎么能刚毅不屈？"）一被物质上无聊的嗜欲东拉西扯，那么，百炼成刚（编者注：百炼成钢）也会变成绕指柔了。总之，一个人的意志，由刚强变为薄弱极易，由薄弱返到刚强极难。一个人有了意志薄弱的毛病，这个人可就完了。自己作不起自己的主，还有什么事可做？受别人压制，做别人奴隶，自己只要肯奋斗，终须能恢复自由。自己的意志做了自己情欲的奴隶，那么，真是万劫沉沦，永无恢复自由的余地，终身畏首畏尾，成了个可怜人了。孔子说："和而不流，强哉矫；中立而不倚，强哉矫。国有道，不变塞焉，强哉矫；国无道，至死不变，强哉矫。"（编者注：品德高尚的君子和顺而不随波逐流，这才是真强啊！保持中立而不偏不倚，这才是真强啊！国家政治清平时不改变志向，这才是真强啊！国家政治黑暗时坚持操守，宁死不变，这才是真强啊！）我老实告诉诸君说吧，做人不做到如此，绝不会成一个人。但做到如此真是不容易，非时时刻刻做磨炼意志的工夫不可，意志磨炼得到家，自然是看着自己应做的事，一点不迟疑，扛起来便做，"虽千万人吾往矣"。这样才算顶天立地做一世人，绝不会有藏头躲尾、左支右绌的丑态。这便是意育的目的，要教人做到"勇者不惧"。

我们拿这三件事作做人的标准，请诸君想想，我自己现时做到哪一件——哪一件稍微有一点把握。倘若连一件都不能做到，连一点把握都没有，哎哟！那可真危险了，你将来做人恐怕做不成。讲到学校里的教育吗：第二层的情育，第三层的意育，可以说完全没有；剩下的只有第一层的知育。就算知育吧：又只有所谓常识和学识，至于我所讲的总体智慧靠来养成根本判断力的，却是一点儿也没有。这种"贩卖知识杂货店"的教育，把它前途想下去，真令人不寒而栗！现在这种教育，一时又改革不来，我们可爱的青年，除了它更没有可以受教育的地方。诸君啊！你到底还要做人不要？你要知道危险呀，非你自己抖擞精神想方法自救，没有人能救你呀！

诸君啊！你千万别要以为得些断片的知识就算是有学问呀。我老实不客气告诉你吧：你如果做成一个人，知识自然是越多越好；你如果做不成一个人，知识却是越多越坏。你不信吗？试想想全国人所唾骂的卖国贼某人某人，是有知识的呀，还是没有知识的呢？试想想全国人所痛恨的官僚政客——专门助军阀作恶、鱼肉良民的人，是有知识的呀，还是没有知识的呢？诸君须知道啊，这些人当十几年前在学校的时代，意气横厉，天真烂漫，何尝不和诸君一样？为什么就会堕落到这样田地呀？屈原说："何昔日之芳草兮，今直为此萧艾也！岂其有他故兮，莫好修之害也。"（编者注：为什么从前的这些香草，今天全都成为荒蒿野艾！难道还有其他缘故吗？这都是不爱洁身自修造成的祸害。）天下最伤心的事，莫过于看着一群好好的青年，一步一步地往坏路上走。诸君猛醒啊！现在你所厌所恨的人，就是你前车之鉴了。

诸君啊！你现在怀疑吗？沉闷吗？悲哀痛苦吗？觉得外边的压迫你不能抵抗吗？我告诉你：你怀疑和沉闷，便是你因不知才会感；你悲哀痛苦，便是你因不仁才会忧；你觉得你不能抵抗外界的压迫，便是你因不勇才有惧。这都是你的知、情、意未经过修养磨炼，所以还未成个人。我盼望你有痛切的自觉啊！有了自觉，自然会自动。那么，学校之外，当然有许多学问，读一卷经，翻一部史，到处都可以发现诸君的良师呀！

诸君啊，醒醒吧！养足你的根本智慧，体验出你的人格人生观，保护好你的自由意志。你成人不成人，就看这几年哩！

（本文为1922年12月27日梁启超在苏州学生联合会的演讲，后收入《饮冰室合集·文集》）

# 学做一个人

文 / 陶行知

陶行知（1891—1946），原名文濬，后改知行，又改行知。安徽歙县人。人民教育家、思想家。1914年毕业于金陵大学。后留学美国哥伦比亚大学。先后创办晓庄学校、育才学校、社会大学等。改造杜威实用主义教育学说，提出"生活即教育""社会即学校""教学做合一"等主张，形成"生活教育"思想体系。代表作品有《中国教育改造》《中国大众教育问题》等，著作编为《陶行知全集》（12卷）等。

我要讲的题目是：《学做一个人》。要做一个整个的人，别做一个不完全、命分式的人。中国虽然有四万万人，试问有几个是整个的人？诸君试想一想："我自己是不是一个整个的人？"

《抱朴子》上有几句话："全生为上；亏生次之；死又次之；不生为下。"

但是何种人算不是整个的人呢？依我看来，约有五种：

（一）残废的——他的身体有了缺欠，他当然不能算是整

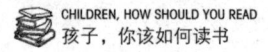

个的人。

（二）依靠他人的——他的生活不是独立的；他的生活只能算是他人生活的一部分。

（三）为他人当作工具用的——这种人的性命，为他人所支配，没有自己独立的人格。

（四）被他人买卖的——被贩卖人口所贩卖的人，就是猪仔；或是受金钱的贿赂，卖身的议员就是代表者。

（五）一身兼管数事的——人的一分精神只能专做一件事业，一个人兼了十几个差使，精神难以兼顾，他的事业即难以成功，结果是只拿钱不做事。

我希望诸君至少要做一个人；至多也只做一个人，一个整个的人。做一个整个的人，有三种要素：

（一）要有健康的身体——身体好，我们可以在物质的环境里站个稳固。诸君，要做一个八十岁的青年，可以担负很重的责任，别做一个十八岁的老翁。

（二）要有独立的思想——要能虚心，要思想透彻，有判断是非的能力。

（三）要有独立的职业——要有独立的职业，为的是要生利。生利的人，自然可以得到社会的报酬。

我觉得中学生有一个大问题，即是"择业问题"。我以为择业时要根据个人的才干和兴趣。做事要有快乐，所以我们要根据个人的兴趣来择业。但是我们若要做事成功，我们必要有那样的才干。

我曾作了一首白话诗，说人要有独立的职业：

滴自己的汗；吃自己的饭。

自己的事，自己干。

靠人，靠天，靠祖先，都不算好汉。

现在我们专讲"学"和"做"两个字，要一面学，一面做。"学"和"做"要连起来。英语 Learn by doing（编者注：意为"在做中学"），也就是这个意思。我们要应用学理来指导生活，同时再以生活来印证学理。

将来诸君有的升学，有的就职业，但是为学的方法全要研究。学农的人要有科学的脑筋和农夫的手；学工的人，也要有科学的脑筋和工人的手。这样他才可以学得好。

我希望到会的个人，是四万万人中的一个人。诸君还要时常想：

中国有几个整个的人？

我是不是一个整个的人？

（本文为1925年底陶行知在天津南开学校的演讲，原载1926年2月28日《生活周刊》第1卷第19期）

# 怎样才配做一个现代学生

文 / 蔡元培

蔡元培（1868—1940），字鹤卿，号孑民。浙江绍兴人。中国民主革命家、教育家。清光绪进士，翰林院编修。1917年任北京大学校长，提倡"思想自由""兼容并包"的办学方针，多方罗致学有所长者，实行教授治校，使北大成为新文化运动的发祥地。著作编为《蔡元培全集》等。

一般似乎很可爱的青年男女，住着男女同学的学校，就可以算作现代学生么？或者能读点外国文的书，说几句外国语；或者能够"信口开河"的谈什么……什么主义和什么什么……文学，也配称作现代学生吗？我看，这些都是表面的或次要的问题。我以为，至少要具备下列三个条件，才配称作现代学生。

## 一、狮子样的体力

我国自来把读书的人叫作"文人"，本是因为他们所习的为文事的缘故，不料积久这"文人"两个字和"文弱的人"四个字竟发生了连带的关系。古时文士于礼、乐、书、数之外，尚需学习射、御，未尝不寓武于文。不料到后来，被一些野心帝王专以文字章句愚弄天下儒生，鄙弃武事，把知识阶级的体力继续不断的摧残下去；流毒至今，读书人所应有的健康，大都被毁剥了。羸弱的父母，哪能生出康强的儿女！先天上既虞不足，而学校教育，又未能十分注意体格的训练，后天上也就大有缺陷。所以现时我国的男女青年的体格，虽略较二十年前的书生稍有进步，但比起东、西洋学生壮健活泼、生机勃茂的样子来，相差真不可以道里计。新近有一位留学西洋多年而回国不久的朋友对我说，他刚从外洋回到上海的时候，在马路上走，简直不敢抬头，因为看见一般孱弱已极、毫无生气的中国男女，不禁发生恐惧和惭愧的感觉。这位朋友的话，并不是随便邪说。任何人刚从外国返到中国国境，怕都不免有同样的印象。这虽是就普通的中国人观察，但是学校里的学生也好不了许多。先有健全的身体，然后有健全的思想和事业，这句话无论何人都是承认的，所以学生体力的增进，实在是今日办教育的生死关键。

现今欲求增进中国学生的体力，唯有提倡运动一法。中国废科举，办学校，虽已历时二十余年之久，对于体育一项的设备，太不注意。甚至一个学校连操场、球场都没有，至于健身房、游泳池等等关于体育上的设备，更说不上了。运动机会既因无"用武地"而减少，所以往往有聪慧勤学的学生，只因体力衰弱的缘故，纵使不患肺病、神经衰弱病及其他痼症而青年夭折，也要受精力不强、活动力减少的影响，不能出其所学贡献于社会，前途

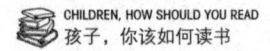

希望和幸福就从此断送，这是何等可悲痛的事！

今日的学生，便是明日的社会中坚，国家柱石，这样病夫式或准病夫式的学生，焉能担得起异日社会国家的重责！又焉能与外国赳赳武夫的学生争长比短！就拿本年日本举行的第九届远东运动会而论，我国运动员的成绩比起日本来，几于处处落人之后。较可取巧的足球，日本学生已成我劲敌。至于最费体力的田径赛，则完全没有我国学生的地位（编者注：此处描述为 1930 年情况，不过仍可作为今日中国之警醒），这又是何等可羞耻的事！

体力的增进，并非一蹴而企（编者注：即一蹴而就）。试观东、西洋学生，自小学以至大学，无一日不在锻炼陶冶之中。所以他们的青年，无不嗜好运动，兴趣盎然。一闻赛球，群起而趋。这种习惯的养成，良非易事。而健全国民的基础，乃以确立。这种情形，在初入其国的，尝误认为一种狂癖；观察稍久，方知其影响国本之大。这是我们所应憬然猛省的。

外人因我国度庞大而不自振作，特赠以"睡狮"的怪号。青年们！醒来吧！赶快回复你的"狮子样的体力"，好与世界健儿，一较好身手；并且以健全的体力，去运用思想，创造事业！

## 二、猴子样的敏捷

"敏捷"的意思，简单说起来就是"快"。在这二十世纪的时代做人，总得要做个"快人"才行。譬如赛跑或游泳一样，快的居前，不快的便要落后，这是无可避免的结果。我们中国的文化，在二千年前，便已发展到与现今的中国文化程度距离不远。

## 第二章
读书、求学与人生成长

那时欧洲大陆还是蛮人横行的时代。而美洲尚草莽未辟，更不用说。然而今日又怎样呢？欧洲文化的灿烂，吾人既已瞠乎其后（编者注：我们已经远远落后），而美洲则更发展迅速。美利坚合众国立国至今不过154年，其政治、经济的一切发展，竟有"后来居上"之势。这又是什么缘故呢？这固然是美国的环境好，适于建设。而美国人的举动敏捷，也是他们成功迅速的一个最大的原因。吾人试游于美国的都市，汽车、街车等等的风驰电掣不算，就是在大街两旁道上走路的人，也都是迈往直前，绝少左顾右盼、姗姗行迟，像中国人所常有的样子。再到他们的工厂或办事房中去参观，他们也是快手快脚地各忙各的事体。至于学校里的学生，无论在讲堂上、操场上、图书馆里、实验室里，一切行动态度，总是敏捷异常，活泼得很。所以他们能够在一个短时期内，学得多，做得多，将来的成就也自然的多起来了。掉转头来看看我国的情形，一般人的行动颟顸（编者注：糊涂而马虎）迟缓，姑置勿论；就是学校里的学生，读书做事，也大半是一些不灵敏。所以在初中毕业的学生，国文不能畅所欲言；在大学毕业的学生，未必能看外国文的书籍。这不是由于他们的脑筋迟钝，实在是由于习惯成自然。所以出了学校以后，做起事来，仍旧不能紧张，"从容不迫"地做下去。西洋人可以一天做完的事，中国人非两天或三天不能做完。在效率上相差得这样的多，所成就的事体，自然也就不可同日而语了。

关于这种迟缓的不敏捷的行动，我说是一种习惯，而且这种习惯是由于青年时代养成的，并不是没有什么事实上的根据。我

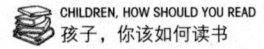

们可以用华侨子弟和留学生来做证明：在欧美生长的中国小孩，行动的敏捷，固足与外国小孩相颉颃（编者注：指不相上下，相抗衡）；而一般留学生，初到外国的时候，总感觉处处落人之后，走路没有人家快，做事没有人家快，读书没有人家快，在课堂上抄笔记也没有人家写得快、记得多，苦不堪言；但在这样环境中吃得苦头太多了以后，自然而然的一切行动也就渐渐的会变快了。所以留学生回国后一切行动，总比普通一般人要敏捷些。等待他们在百事迟钝的中国环境里住的时间稍为长久一点，他们的迟缓的老脾气，或者也会重新发作的。就拿与人约会或赴宴会做例子，在欧美住过几年的人，初回国的时候，大都是很肯遵守时间，按时而到；后来觉得自己到了，他人迟到，也是于事无益，呆坐着等人，还白白糟蹋了宝贵的时间，不如还是从俗吧。但是这种习惯的误事和不便，是人人所引为遗憾的。尤其是我们的青年人，应当积极纠正的。

　　青年们呀！现在已经是二十世纪的新时代了！这个时代的特征就是"快"。你看布满了各国大陆的铁道，浮遍了各国海洋的船舰，肉眼可见的有线电的电线，不可见的无线电的电浪，可以横渡大西洋而远征南北极的飞机，城市地面上驰骋着的街车与汽车，地面下隧道中通行的火车与电车，以及工厂、农场、公事房、家庭中所有的一切机器，哪一件不是为要想达到"快"的目的而设的？况且凡百科学，无不日新月异的在那里增加发明。我们纵不能自己发明，也得要迎头赶上去、学上去，这都是非快不为功的。

据进化论的昭示，我们人类由猿猴进化而来。却是人类在这比较安舒的环境中，行动渐次变得迟钝，反较猴子略逊一筹，而中国人的颟顸程度更特别的高。以开化最早的资格，现反远居人后，这是多么惭愧的事！现在我们的青年，如要想对于求学、做事两方面，力振颓风，则非学"猴子样的敏捷"，急起直追不可！

**三、骆驼样的精神**

在中国四万万同胞中，各人所负责任的重大，恐怕要算青年学生首屈一指了！就中国现时所处的可怜地位和可悲的命运而论，我们几乎可以说：凡是可摆脱这种地位、挽回这种命运的事情和责任，直接或间接都是要落在学生们的双肩上。

第一是对于学术上的责任：做学生的第一件事就是要读书。读书从浅近方面说，是要增加个人的知识和能力，预备在社会上做一个有用的人才；从远大的方面说，是要精研学理，对于社会、国家和人类做最有价值的贡献。这种责任是何等的重大！读者要知道，一个民族或国家要在世界上立得住脚——而且要光荣地立住——是要以学术为基础的。尤其是，在这竞争剧烈的二十世纪，更要倚靠学术。所以学术昌明的国家，没有不强盛的；反之，学术幼稚和知识蒙昧的民族，没有不贫弱的。德意志便是一个好例证：德人在欧战时力抗群强，能力固已可惊；大败以后，曾不十年而又重列于第一等国之林，这岂不是由于他们的科学程度特别优越而建设力强所致吗？我们中国人在世界上原来是很有贡献的——如发明指南针、印刷术、火药之类——所以现时国力虽不充足，而仍为谈世界文化者所重视。不过经过两千年专制的锢蔽，学术遂致落伍。试问在现代的学术界，我们中国人对于人类幸福有贡献的究竟有几个人呢？无怪人家渐渐地看不起我们了。我们以后要想雪去被人轻视的耻辱，恢复我们固有的光荣，只有从学术方面努力，提高我们的科学知识，更进一步对世界为一种新的贡献，这些都是不能不首先属望于一般青年学生的。

第二是对于国家的责任：中国今日，外则强邻四逼，已沦于次殖民地的地位；内则政治紊乱，民穷财匮，国家的前途实在太危险了。今后想摆脱列强的羁绊，则非急图取消不平等条约不可。想把国民经济现状改良，使一般国民能享独立、自由、富厚的生活，则非使国内政治能上轨道不可。昔范仲淹为秀才时，便以天下为己任，果然有志竟成。现在的学生们，又安可不以国家为己任咧！

第三是对于社会的责任：先有好政治而后有好社会，抑先有好社会而后有好政治？这个问题用不着什么争论的，其实二者是相互影响的，所以学生对于社会也是负有对于政治同等的责任。我们中国的社会，是一个很老的社会，一切组织形式及风俗习惯，大都陈旧不堪，违反现代精神而应当改良。这也是要希望学生们努力实行的。因为一般年纪大一点的旧人物，有时纵然看得出，想得到，而以濡染太久的缘故，很少能彻底改革的。所以关于改良未来的社会一层，青年所负的责任也是很大的。

以上所说的各种责任都放在学生们的身上，未免太重一些。不过生在这时的中国学生，是无法避免这些责任的。若不学着"骆驼样的精神"来"任重致远",又有什么办法呢?

除开上述三种基本条件而外,再加以"崇好美术的素养"和"自爱""爱人"的美德,便配称作现代学生而无愧了。

(本文为孟寿椿代作,原载 1930 年 10 月《现代学生》月刊创刊号)

# 中学生的修养与择业

文 / 胡适

许多朋友常常问我中学生应注重什么？中学毕业后，升学的应该怎样选科？到社会里去的应该怎样择业？我是不懂教育的，不过年纪大些，并且自己也是经过中学大学出来的，同时看到朋友与我们自己的子弟经过中学，得到一点认识，愿意将自己的认识提出来供大家的参考，今天讲的题目，就是："中学生的修养与中学生的择业"。

中学生的修养应注重两点：

### 一、工具的求得

中学生大概是从十二岁的幼年到十八岁的青年，这个时期是决定他将来最重要的一个时期。求知识与做人、做事的工具，要在这个时期求得。古人说："工欲善其事，必先利其器"，中学生要将来有成就，便应该注意到"求工具"——学业上、事业上，求知识上所需要的工具。求工具的目标有二：一是中学毕业后无力升学要到社会里去就业；一是继续升学。

第一种工具是言语文字。不论就业升学，以我个人的经验和观察所得，语言文字是最需要的工具。在中学里不仅应该学好本国的语言文字，最好能多学一二种外国的语言文字。它是就业升学的钥匙，能为我们打开知识的门。多学得一种语言，等于辟开一个新的花园、新的世界。语言文字，可以说是中学时期应该求得的工具当中非常重要的了。在中学时期如果没有打好语言文字的基础，以后做学问非常的困难。而且过了这个时期，很少能够把语言文字弄好的。

第二种工具是科学的基本知识。许多人都说学了数学，将来没有什么用处，这是错误的。数学是自然科学重要的钥匙，如果不能把这个重要的钥匙——数学，与物理学、化学、生物学、矿物学、植物学等，在中学时期学好，则不能求得新的知识。所以中学时期最重要的，是把这些基本知识弄好。

青年们在学校里对于各种基本科学，不能当它是功课，是学校课程里面需要的功课，应该把它当成求知识、做学问、做人的工具，必不可少的工具。拿工具这个观念来看课程，课程便活了。拿工具这个观念来批评课程，可以得到一个标准。首先看看哪些功课够得上做工具，并分出哪些功课是求知识做学问的工具，哪些功课是做人的工具。哪些功课是重要，哪些功课是次要。同时拿工具这个观念来督促自己，来分别轻重缓急，先生的教法，也可以拿工具这个观念来衡量，哪种教法是死的笨的，请先生改良，哪些应该特别注重，请先生注意。我这个话，不是叫学生对先生造反，而是请先生以工具来教，不要死板地照课本讲，这样推动先生，可以使得先生从没有精神提起精神，不是造反而是教学相长，不把功课当作功课看，把它当作必需的工具看。拿工具的观念看功课，功课便是活的。这一点也可以说是中学生治学的方法。

**二、良好习惯的养成**

良好习惯的养成，即普通所谓的人品教育，品性人格的陶冶。教育学家心理学家都告诉我们说：人品性格是习惯的养成，好的品格是好的习惯养成。中学生是定型的阶段，中学生时期与其注重治学方法，毋宁提倡良好习惯的养成。一个人的坏习惯在中学还可纠正，假使在中学里不能养成良好的习惯，这个人的前途便算完了，在大学里不会是个好学生，在社会里不会是个有用的人才。我愿在这里提醒青年学生们的注意，也请学生的父兄教师们注意。

我们的国家以前专注重文字教育，读书人的指甲蓄得很长，手脸都是白白的，行动是文绉绉的，读书可以从"学而时习之"背诵起，写文章摇摇摆摆地会写出许多好听的词句来，可是他们是无用的，不能动手，也不能动脚，连桌凳有一点坏了，也不能拿起斧头钉子来修理。这种只能背书写文章的读书人就是没有养成良好的习惯——动手动脚的习惯。

我在台湾大学讲"治学方法"时，讲到一个故事：宋时有一新进士请教老前辈做官的秘诀，老前辈告诉他四个字："勤谨和缓"。这四个字，大家称为做官秘诀，我把它看作做人、做事、做学问的秘诀。简单地分别说：

勤，就是不偷懒，不走捷径，要切切实实，辛辛苦苦地去做。

要用眼睛的用眼睛，用手的用手，用脚的用脚。先生叫你找材料，你就到应该到的地方去找。叫你找标本，你就到田野，到树林里去找，无论在实验室里，自然界里，都不要偷懒，一点一滴地去做。

谨，就是谨慎，不粗心，不苟且。以江浙的俗话来说，不拆烂污。写字，一点、一横都不放过。写外国字，i 的一点，t 的一横，也一样地不放过。作数学，一个圈，一个小数点都不可苟且。不要以为这是小事情，做事关系天下的大事，做学问关系成败，所以细心谨慎，是必须要养成的习惯。

和，就是不要发脾气，不要武断。要虚心，要和和平平。什么叫作虚心？脑筋不存成见，不以成见来观察事，不以成见来对待人。就做学问来说：要以心平气和的态度来做化学、数学、历史、地理，并以心平气和的态度来学语文。无论对事、对人、对物、对问题、对真理，完全是虚心的，这叫作和。

缓，这个字很重要，缓的意思不要忙，不轻易下一个结论。如果没有缓的习惯，前面三个字都不容易做到。譬如找证据，这是很难的工作，如果要几点钟缴卷，就不能做到勤的工夫。忙于完成，证据不够，不管它了，这样就不能做到谨的工夫。匆匆忙忙地去做，当然不能做到和的工夫。所以证据不够，应该悬而不断，就是姑且挂在那里，悬而不断，并不是叫你搁下来不管，是要你勤，要你谨，要你和。缓，就是南方人说的"凉凉去吧"，缓的意思，是要等着找到了充分的证据，然后根据事实来下判断。无论做学问、做事、做官、做议员，都是一样的。大家知道治花柳病的名药"六〇六"吧？什么叫"六〇六"呢？经过六百零六次的试验才成功的。"九一四"则试验了九百一十四次，达尔文的生物进化论，认为动植物的生存进化与环境有绝大的关系，也费了三十年的工夫，到四海去搜集标本和研究，并与朋友们往复讨论。朋友们都劝他发表，他仍然不肯。后来英国皇家学会收到另一位科学家华莱士的论文，其结论与达尔文的一样，朋友们才逼着达尔文把研究的结论公布，并提出与朋友们讨论的信件，来证明他早已获得结论，于是皇家学会才决定同华莱士的论文同时发表，达尔文这种持重的态度，不是缺点，是美德，这也是科学史上勤谨和缓的实例。值得我们去想想，作为榜样，尤其青年学生们要在中学里便养成这种好习惯。有了这种好习惯，无论是做人、做事、做学问，将来不怕没有成就。

中学生高中毕业后，面临的问题是继续升学或到社会去找职业。升学应如何选科？到社会去应如何择业？简单地说，有两个标准：

**一、社会的标准**

社会上所需要的，最易发财的，最时髦的是什么？这便是社会的标准。台湾大学钱校长告诉我说，今年台大招生，投考学生中外文成绩好的都投考工学院，尤其是考电机工程、机械工程的特多，考文史的则很少，因为目前社会需要工程师，学成后容易得到职业而且待遇好。这种情形，在外国也是一样的，外国最吃香的学科是原子能、物理学和航空工程，干这一行的，最受欢迎，最受优待。

## 二、个人的标准

所谓个人的标准,就是个人的兴趣、性情、天才近哪门学科,适于哪一行业。简单地说,能干什么。社会上需要工程师,学工程的固不忧失业,但个人的性情志趣是否与工程相合?父母、兄长、爱人都希望你学工程,而你的性情志趣,甚至天才,却近于诗词、小说、戏剧、文学,你如迁就父母、兄长、爱人之所好而去学工程,结果工程界里多了一个饭桶,国家社会失去了一个第一流的诗人、小说家、文学家、戏剧学家,不是可惜了吗?所以个人的标准比社会的标准重要。因为社会标准所需要的太多,中国人常说社会职业有三百六十行,这是以前的说法,现在何止三百六十行,也许三千六百行,三万六千行都有,三千六百行,三万六千行,行行都需要。社会上需要建筑工程师,需要水利工程师,需要电力工程师,也需要大诗人、大美术家、大法学家、大政治家,同时也需要做新式马桶的工人。能做新式马桶的,照样可以发财。社会上三万六千行,既是行行都需要,一个人绝不可能会做每行的事,顶多会两三行,普通都只能会一行的。在这种情形之下,试问是社会的标准重要?还是个人的标准重要?当然是个人的重要!因此选科择业不要太注重社会上的需要,更不要迁就父母、兄长、爱人的所好。爸爸要你学赚钱的职业,妈妈要你学时髦的职业,爱人要你学社会上有地位的职业,你都不要管它,只问你自己的性情近乎什么?自己的天才力量能做什么?

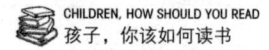

配做什么？要根据这些来决定。

历史上在这一方面，有很好的例子。意大利的伽利略是科学的老祖宗，是新的天文学家，新的物理学家的老祖宗。他的父亲是一个数学家，当时学数学的人很倒霉。在伽利略进大学的时候（三百多年前），他父亲因不喜欢数学，所以要他学医，可是他读医科，毫无兴趣，朋友们以他的绘画还不坏，认为他有美术天才，劝他改学美术，他自己也颇以为然。有一天他偶然走过雷积教授替公爵府里面做事的人补习几何学的课室，便去偷听，竟大感兴趣，于是医学不学了，画也不学了，改学他父亲不喜欢的数学。后来替全世界创立了新的天文学、新的物理学，这两门学问都建筑于数学之上。

最后说我个人到外国读书的经过。民国前两年，考取官费留美，家兄特从东三省赶到上海为我送行，以家道中落，要我学铁路工程，或矿冶工程，他认为学了这些回来，可以复兴家业，并替国家振兴实业。不要我学文学、哲学，也不要学做官的政治法律，说这是没有用的。当时我同许多人谈谈这个问题。以路矿都不感兴趣，为免辜负兄长的期望，决定选读农科，想做科学的农业家，以农报国。同时美国大学农科，是不收费的，可以节省官费的一部分，寄回补助家用。进农学院以后第三个星期，接到实验系主任的通知，要我到该系报到实习。报到以后，他问我："你有什么农场经验？"我说："我不是种田的。"他又问我："你做什么呢？"我说："我没有做什么，我要虚心来学，请先生教我。"先生答应说："好。"接着问我洗过马没有，要我洗马。

我说:"我们中国种田,是用牛不是用马。"先生说:"不行。"于是学洗马,先生洗一半,我洗一半。随即学驾车,也是先生套一半,我套一半。做这些实习,还觉得有兴趣。下一个星期的实习,为包谷选种,一共有百多种,实习结果,两手起了泡,我仍能忍耐,继续下去,一个学期结束了,各种功课的成绩,都在八十五分以上。到了第二年,成绩仍旧维持到这个水准。依照学院的规定,各科成绩在八十五分以上的,可以多选两个学分的课程,于是增选了种果学。起初是剪树、接种、浇水、捉虫,这些工作,也还觉得有兴趣。在上种果学的第二星期,有两小时的实习苹果分类,一张长桌,每个位子分置了四十个不同种类的苹果,一把小刀,一本苹果分类册,学生们须根据每个苹果的长短、开花孔的深浅、颜色、形状、果味和脆软等标准,查对苹果分类册,分别其类别(那时美国苹果有四百多类,现恐有六百多类了),普通名称和学名。美国同学都是农家子弟,对于苹果的普通名称一看便知,只需在苹果分类册里查对学名,便可填表缴卷,费时甚短。我和一位郭姓同学则须一个一个地经过所有鉴别的手续,花了两小时半,只分类了二十个苹果,而且大部分是错的。晚上我对这种实习起了一种念头:我花了两小时半的时间,究竟是在干什么?中国连苹果种子都没有,我学它什么用处?自己的性情不相近,干吗学这个?这两个半钟头的苹果实习使我改行,于是,决定离开农科。放弃一年半的时间(这时我已上了一年半的课)牺牲了两年的学费,不但节省官费补助家用已不可能,维持学业很困难,以后我改学文科,学哲学、政治、经济、文学,在没有回国时，以前与朋友们讨论文学问题，引起了中国的文学革命运动，提倡白话，拿白话作文，做教育工具，这与农场经验没有关系，苹果学没有关系，是我那时的兴趣所在。我的玩意儿对国家贡献最大的便是文学的"玩意儿"，我所没有学过的东西。最近研究《水经注》（地理学的东西）。我已经六十二岁了，还不知道我究竟学什么？都是东摸摸、西摸摸，也许我以后还要学学水利工程亦未可知，虽则我现在头发都白了，还是无所专长，一无所成。可是我一生很快乐，因为我没有依社会需要的标准去学时髦。我服从了自己的个性，根据个人的兴趣所在去做，到现在虽然一无所成，但是我生活得很快乐，希望青年朋友们，接受我经验得来的这个教训，不要问爸爸要你学什么，妈妈要你学什么，爱人要你学什么。要问自己性情所近，能力所能做的去学。这个标准很重要，社会需要的标准是次要的。

（本文为1952年12月27日胡适在台东县公共体育场的演讲，收入《胡适言论集》甲编。略有改动）

# 旅客式的学生

文 / 闻一多

闻一多（1899 — 1946），本名闻家骅，湖北浠水人。中国诗人、学者、民主战士。留学美国，学美术、文学。早年参加新月社，先后在青岛大学、清华大学等校任教。著有诗集《红烛》《死水》，在《周易》《诗经》《庄子》《楚辞》的研究中取得相当成就。全国性抗战期间，任昆明西南联合大学教授。有《闻一多全集》行世。

中国有一位文学家讲，"天地者万物之逆旅。"呸！这是什么话？中国的文化的退步，就是这般非人的思想的文学家的罪孽。人类是进化的。我们生到这个世界来，这个世界就是我们的。我们的天性叫我们把这个世界造成如花似锦的，所以我们遇着事，不论好坏，就研究，就批评，找出缺点，就改良。这是人的天性，没有这种天性，人不会从下等动物进化到现在的地位，失这种天性，社会就会退化到本来的地位。

我们把眼光放开看，我们是社会的一分子。学校是社会里一种组织，我们应该改良社会，就应从最切近的地方——我们的学校做起点。学校是我们的家——不是我们的旅馆。学校之中,学生是主体,职员,教员,校役都是客听。对于学校,我们不负责任,谁负责任呢?有人自视为世界的旅客,就失了做人的资格;有学生自视为学校的旅客,就失了做学生的资格。

旅客式的学生有三种。对待他们的方法有四种。实行这四种方法,才是真正的改良。

(一)旅客式的少爷学生。贵胄子弟,自己可以出洋的,年纪太轻,不能立刻出洋,先要在本国等一等!但上了别的学校,又太吃苦了,只有清华旅馆里"百应俱全",刚合少爷们的身份。所以他们除了打球,唱戏,"雅座",售品所以外,不知道别的。对于功课,用"满不在乎"四字了结它。横竖他们是不靠毕业出洋的,他高兴几时走,就几时走。这种旅客式的学生,是人人承认的。

(二)旅客式的孩子学生。清华中等科的学生有住过高等小学的,有住过初等小学的,有住过幼稚园的,有什么也没有住,乳臭未干的婴儿,总之真正高小毕业,刚合中等科程度的有几个?这般同学,当然不能怪他们没有成人的思想。等他们毕了中等科的业,到高等一二年级,还是年纪很轻。就算到了成人的年岁,还脱不了孩子气。他们初进学校的目的,固然跟少爷学生不同,不过他们的行为跟少爷们一样的。他们年幼连自己本身都顾不了,还说别的吗?

(三)旅客式的书虫学生。有一般人本知道学校应该改良,但是出洋问题要紧。功课一急竞争得烈,每天点洋烛的工夫都不够,不用说别的。所以他们目击各种腐败的情形,也只好叹一口气道曰:"没有法子!"这种学生,也就是旅客式的学生。他们是读书的旅客,同那打球,唱戏,"雅座",售品所的旅客,不过是臧与谷的比例(编者注:臧与谷为《庄子·外篇》中的两个人名。臧、谷二人都为财主家放牛,臧因读书把羊丢了,而谷因贪玩把羊丢了。事情虽不同,但结果一样)。

以下是整顿旅客式的学生的方法。

第一种旅客式的少爷学生可算是不可救药了。他们横竖不是来念书的。如果要住旅馆,他们有的是钱,六国饭店,比清华旅馆舒服得多呢。

第二种,对于旅客式的孩子学生,也没有别的办法。他们没有到上学的年纪,最好是不要来,免得他们的父母担忧。他们上学还要带听差来替他们铺床叠被,收检衣服;他们不会用功,还要请高等科的学生当他们的"指导员"。清华中等科不是幼稚园,高等科的学生,也不是来替人家管孩子的,这些幼稚园的儿童应该送到幼稚园里去。

第三种,旅客式的书虫学生,我们只好鼓励他们,劝他们,把读书的勇气,分一点到书本外头来。

第四种,在学生一方面,固然应当自己觉悟,打破这种旅客式的思想,但是学校一方面,也应当有一番整顿,使得那些旅客式的少爷,孩子们,不会混到学堂里来,并且同时解放这种玉成学生的奴隶性的积分制度,庶几(编者注:差不多,或许可以)学生不致把一切都牺牲到书卷本里去了。

(本文署名为闻多,原载1920年4月24日《清华周刊》第185期。略有改动)

# 人与书

文 / 郁达夫

郁达夫（1896—1945），名文，字达夫，浙江富阳（今杭州市富阳区）人，中国作家。1921年与郭沫若等发起组织创造社，1928年与鲁迅合编《奔流》杂志，抗日战争时期在新加坡主编《星州日报·文艺副刊》，积极从事抗日宣传工作。先后在北京大学、武昌大学、中山大学等校任教。著有《忏余集》《达夫散文集》《达夫日记集》等。有《郁达夫全集》行世。

书本原是人类思想的结晶，也就是启发人类思想的母胎。它产生了人生存在的意义，它供给了知识饥渴的乳料。世界上的大思想家和大发明家，都从书堆中进去，再从书堆中回出来。

因书本与人类关连之亲密，所以古来学者多把书本当作人类的朋友看待。史曼儿说得好："一个人常常靠了他所读的书而出名，正像他靠着所交的朋友而出名一样；因为书本和人们一样，也有交谊。一个人应该生活在很好的友伴中间，无论是书或是人。"

同时亦有一位，他却把人生当做书本子来看，那就是诗人高法莱了，他说："一个人好像一本书，人诞生，即为书的封面；其洗礼即为题赠；其啼笑即为序言；其童年即为卷首之论见；其生活即为内容；其罪恶即为印误；其忏悔即为书背之勘误表；有大本的书，有小册的书，有用牛皮纸印的，有用薄纸的，其内容有值得一读的，有不值卒读者。可是最后的一页上，总有一个'全书完'的字样。"恕我续上一个"貂尾"，就是在人的诞生之前的受精成孕，就是书版未曾付印前之文人绞汁草稿了。

书即是人，人亦即是书。

（本文原载 1935 年 9 月 27 日《立报·言林》）

# 第三章
# 读书的习惯和风气

　　读书,不必先谈方法,要紧的是先养成好读书、好买书的习惯。

# 读书的习惯重于方法

文 / 胡适

读书会进行的步骤，也可以说是采取的方式大概不外三种：

第一种是大家共同选定一本书来读，然后互相交换自己的心得及感想。

第二种是由下往上的自动方式，就是先由会员共同选定某一个专题，限定范围，再由指导者按此范围拟定详细节目，指定参考书籍。每人须于一定期限内作成报告。

第三种是先由导师拟定许多题目，再由各会员任意选定。研究完毕后写成报告。

至于读书的方法我已经讲了十多年，不过在目前我觉到读书全凭先养成好读书的习惯。读书无捷径，是没有什么简便省力的方法可言。读书的习惯可分为三点：一是勤，二是慎，三是谦。

勤苦耐劳是成功的基础，做学问更不能欺己欺人，所以非勤不可。其次谨慎小心也是很重要的，清代的汉学家著名的如高邮王氏父子（编者注：江苏高邮王念孙、王引之父子）、段茂堂等的成功，都是遇事不肯轻易放过，旁人看不见的自己便可看见了。

如今的放大几千万倍的显微镜，也不过想把从前看不见的东西现在都看见罢了。谦就是态度的谦虚，自己万不可先存一点成见，总要不分地域门户，一概虚心地加以考察后，再决定取舍。这三点都是很要紧的。

其次还有个买书的习惯也是必要的，闲时可多往书摊上逛逛，无论什么书都要去摸一摸，你的兴趣就是凭你伸手乱摸后才知道的。图书馆里虽有许多的书供你参考，然而这是不够的。因为你想往上圈画一下都不能，更不能随便地批写。所以至少像对于自己所学的有关的几本必备书籍，无论如何，就是少买一双皮鞋，这些书是非买不可的。

青年人要读书，不必先谈方法，要紧的是先养成好读书、好买书的习惯。

（本文原载 1935 年 5 月 14 日《大学新闻》第 3 卷第 11 期）

# 读几本书

文 / 鲁迅

读死书会变成书呆子，甚至于成为书厨，早有人反对过了，时光不绝地进行，反读书的思潮也愈加彻底，于是有人来反对读任何一种书。他的根据是叔本华的老话，说是倘读别人的著作，不过是在自己的脑里给作者跑马。

这对于读死书的人们，确是一下当头棒，但为了与其探究，不如跳舞，或者空暴躁，瞎牢骚的天才起见，却也是一句值得绍介的金言。不过要明白：死抱住这句金言的天才，他的脑里却正被叔本华跑了一趟马，踏得一塌糊涂了。

现在是批评家在发牢骚，因为没有较好的作品；创作家也在发牢骚，因为没有正确的批评。张三说李四的作品是象征主义，于是李四也自以为是象征主义，读者当然更以为是象征主义。然而怎样是象征主义呢？向来就没有弄分明，只好就用李四的作品为证。所以中国之所谓象征主义，和别国之所谓 Symbolism 是不一样的，虽然前者其实是后者的译语，然而听说梅特林（编者注：今译为梅特林克，比利时剧作家、诗人、散文家）是象征派的作家，于是李四就成为中国的梅特林了。此外中国的法朗士（编者注：法国小说家），中国的白璧德（编者注：美国文学批评家），中国的吉尔波丁（编者注：苏联文艺批评家），中国的高尔基（编者注：苏联作家）……还多得很。然而真的法朗士他们的作品的译本，在中国却少得很。莫非因为都有了"国货"的缘故吗？

在中国的文坛上，有几个国货文人的寿命也真太长；而洋货文人的可也真太短，姓名刚刚记熟，据说是已经过去了。易卜生（编者注：挪威剧作家）大有出全集之意，但至今不见第三本；柴霍甫（编者注：今译为契诃夫，俄国作家）和莫泊桑（编者注：法国作家）的选集，也似乎走了虎头蛇尾运。但在我们所深恶痛疾的日本，《吉诃德先生》（编者注：今译为《堂吉诃德》，长篇小说，西班牙塞万提斯作）和《一千一夜》（编者注：即《一千零一夜》，阿拉伯民间故事集）是有全译的；沙士比亚（编者注：今译为莎士比亚，英国剧作家、诗人）、歌德，……都有全集；托尔斯泰的有三种，陀思妥也夫斯基的有两种。

读死书是害己，一开口就害人；但不读书也并不见得好。至少，譬如要批评托尔斯泰，则他的作品是必得看几本的。

（本文署名为邓当世，原载1934年5月18日《申报·自由谈》，后由作者编入《花边文学》。略有改动）

# 论青年读书风气

文/朱自清

朱自清（1898—1948），原名自华，字佩弦，江苏扬州人，原籍浙江绍兴。中国散文家、诗人、古典文学学者。1920年毕业于北京大学。1931—1932年曾游学英国。曾执教于江苏、浙江的几所著名中学，后任清华大学、昆明西南联合大学等校教授。著有诗集《雪朝》（与人合作），诗文集《踪迹》，散文集《背影》《欧游杂记》《你我》《伦敦杂记》，文艺论著《诗言志辨》《论雅俗共赏》等。

《大公报》图书副刊的编者在"卷头语"里慨叹近二十几年来中国书籍出版之少。这是不错的。但他只就量说，没说到质上去。一般人所感到的怕倒是近些年来书籍出版之滥；有鉴别力的自然知所去取，苦的是寻常的大学生中学生，他们往往是并蓄兼收的。文史方面的书似乎更滥些；一个人只要能读一点古文，能读一点外国文（英文或日文），能写一点白话文，几乎就有资格写这一类书，而且很快地写成。这样写成的书当然不能太长，太

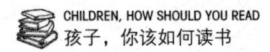

详尽，所以左一本右一本总是这些"概论""大纲""小史"，看起来倒也热热闹闹的。

供给由于需要；这个需要大约起于五四运动之后。那时青年开始发现自我，急求扩而充之，野心不小。他们求知识像狂病；无论介绍西洋文学哲学的历史及理论，或者整理国故，都是新文化，都不迟疑地一口吞下去。他们起初拼命读杂志，后来觉得杂志太零碎，要求系统的东西；"概论"等等便渐渐地应运而生。杨荫深先生（编者注：原名杨德恩，字泽夫。现代文学史家、作家）《编辑<中国文学大纲>的意见》（见《先秦文学大纲》）里说得最明白：

> 在这样浩繁的文学书籍之中，试问我们是不是全部都去研究它，如果我们是个欢喜研究中国文学的话。那自然是不可能的，从时间上，与经济上，我们都不可能的。然而在另一方面说来，我们终究非把它全部研究一下不可，因为非如此，不足以满我们的欲望。于是其中便有聪明人出来了，他们用了简要的方法，把全部的中国文学做了一个简要的叙述，这通常便是所谓"文学史"。（杨先生说这种文学史往往是"点鬼簿"，他自己的书要"把中国文学稍详细地叙述，而成有一个系统与一个次序。"）

青年系统的趣味与有限的经济时间使他们只愿意只能够读这类"架子书"。说是架子书，因为这种书至多只是搭着的一副空

## 第三章
### 读书的习惯和风气

架子,而且十有九是歪曲的架子。青年有了这副架子,除知识欲满足以外,还可以靠在这架子上作文,演说,教书。这便成了求学谋生的一条捷径。有人说从前读书人只知道一本一本念古书,常苦于没有系统;现在的青年系统却又太多,所有的精力都花在系统上,系统以外便没有别的。但这些架子是不能支持长久的;没有东西填进去,晃晃荡荡的,总有一天会倒下来。

从前人著述,非常谨慎。有许多大学者终生不敢著书,只写点札记就算了。印书不易,版权也不能卖钱。自然是一部分的原因;但他们学问的良心关系最大。他们穷年累月孜孜兀兀地干下去,知道得越多,胆子便越小,决不愿拾人牙慧,决不愿蹈空立说。他们也许有矫枉过正的地方,但这种认真的精神值得我们学习。现在我们印书方便了,版权也能卖钱了,出书不能像旧时代那样谨严,怕倒是势所必至;但像近些年来这样滥,总不是正当的发展。早先坊间也有"大全""指南"一类书,印行全为赚钱;但通常不将这些书看作正经玩意儿,所以流弊还少,现在的"概论""大纲""小史"等等,却被青年当作学问的宝库,以为有了这些就可以上下古今,毫无窒碍。这个流弊就大了,他们将永不知道学问为何物。曾听见某先生说,一个学生学了"哲学概论",一定学不好哲学。他指的还是大学里一年的课程;至于坊间的薄薄的哲学概论书,自然更不在话下。平心而论,就一般人看,学一个概论的课程,未尝无益;就是读一本像样的概论书,也有些好处。但现在坊间却未必有这种像样的东西。

说"概论""大纲""小史",取其便于标举;有些虽用这类名字却不是这类书,也有些确不用这类名字而却是这类书——如某某研究,某某小丛书之类。这种书大概篇幅少,取其价廉,容易看毕;可是系统全,各方面都说到一点儿,看完了仿佛什么都知道。编这种书只消抄录与排比两种工夫,所以略有文字训练的人都能动手。抄录与排比也有几等几样,这里所要的是最简便最快当的办法。譬如编全唐诗研究吧,不必去看全唐诗,更不必看全唐文,唐代其他著述,以及唐以前的诗,只要找几本中国文学史,加上几种有评注的选本,抄抄编编,改头换面,好歹成一个系统(其实只是条理)就行了。若要表现时代精神,还可以随便检几句流行的评论插进去。这种转了好几道手的玩意,好像搀了好几道水的酒,淡而无味,自不用说;最坏的是让读者既得不着实的东西,又失去了接近原著的机会,还养成求近功抄小路的脾气。再加上编者照例的匆忙,事实,年代,书名,篇名,句读,字,免不了这儿颠倒那儿错,那是更误人了。其实,"概论""大纲""小史"也可以做得好。一是自己有心得,有主张,在大著作之前或之后,写出来的小书;二是融会贯通,博观约取的著作;虽无创见,却能要言不繁(编者注:即"要言不烦",言论切要简明),节省一般读者的精力。这两种可都得让学有专长的人做去,而且并非仓卒可成。

(本文作于 1934 年 1 月 29 日,摘自 1996 年版《朱自清全集》第 4 卷)

# 买书

文 / 朱自清

买书也是我的嗜好,和抽烟一样。但这两件事我其实都不在行,尤其是买书。在北平这地方,像我那样买,像我买的那些书,说出来真寒尘(编者注:寒碜)死人;不过本文所要说的既非诀窍,也算不得经验,只是些小小的故事,想来也无妨的。

在家乡中学时候,家里每月给零用一元。大部分都报效了一家广益书局,取回些杂志及新书。那老板姓张,有点儿抽肩膀,老是捧着水烟袋;可是人好,我们不觉得他有市侩气。他肯给我们这班孩子记账。每到节下,我总欠他一元多钱。他催得并不怎么紧;向家里商量商量,先还个一元也就成了。那时候最爱读的一本《佛学易解》(贾丰臻著,中华书局印行)就是从张手里买的。那时候不买旧书,因为家里有。只有一回,不知哪儿来检《文心雕龙》的名字,急着想看,便去旧书铺访求:有一家拿出一部广州套版的,要一元钱,买不起;后来另买到一部,书品也还好,纸墨差些,却只花了小洋三角。这部书还在,两三年前给换上了磁青纸的皮儿,却显得配不上。

到北平来上学入了哲学系，还是喜欢找佛学书看。那时候佛经流通处在西城卧佛寺街鹫峰寺。在街口下了车，一直走，快到城根儿了，才看见那个寺。那是个阴沉沉的秋天下午，街上只有我一个人。到寺里买了《因明入正理论疏》《百法明门论疏》《翻译名义集》等。这股傻劲儿回味起来颇有意思；正像那回从天坛出来，挨着城根，独自个儿，探险似的穿过许多没人走的碱地去访陶然亭一样。在毕业的那年，到琉璃厂华洋书庄去，看见新版韦伯斯特大字典，定价才十四元。可是十四元并不容易找。想来想去，只好硬了心肠将结婚时候父亲给做的一件紫毛（猫皮）水獭领大氅亲手拿着，走到后门一家当铺里去，说当十四元钱。柜上人似乎没有什么留难就答应了。这件大氅是布面子，土式样，领子小而毛杂——原是用了两副"马蹄袖"拼凑起来的。父亲给做这件衣服，可很费了点张罗。拿去当的时候，也踌躇了一下，却终于舍不得那本字典。想着将来准赎出来就是了。想不到竟不能赎出来，这是直到现在翻那本字典时常引为遗憾的。

重来北平之后，有一年忽然想搜集一些杜诗。一家小书铺叫文雅堂的给找了不少，都不算贵；那伙计是个麻子，一脸笑，是铺子里少掌柜的。铺子靠他父亲支持，并没有什么好书，去年他父亲死了，他本人不大内行，让伙计吃了，现在长远不来了，他不知怎么样。说起杜诗，有一回，一家书铺送来高丽本《杜律分韵》，两本书，索价三百元。书极不相干而索价如此之高，荒谬之至，况且书面上原购者明明写着"以银二两得之"。第二天另一家送来一样的书，只要二元钱，我立刻买下。北平的书价，离

## 第三章
### 读书的习惯和风气

奇有如此者。

旧历正月里厂甸的书摊值得看；有些人天天巡礼去。我住得远，每年只去一个下午——上午摊儿少。土地祠内外人山人海摩肩接踵地来往。也买过些零碎东西；其中有一本是《伦敦竹枝词》，花了三毛钱。买来以后，恰好《论语》要稿子，选抄了些寄去，加上一点说明，居然得着五元稿费。这是仅有的一次，买的书赚了钱。

在伦敦的时候，从寓所出来，走过近旁小街。有一家小书店门口摆着一架旧书。上前去徘徊了一下，看见一本《牛津书话选》（The book Lovers ' Anthology），烫花布面，装订不马虎，四百多面，本子也不小，准有七八成新，才一先令六便士，那时合中国一元三毛钱，比东安市场旧洋书还贱些。这选本节录许多名家诗文，说到书的各方面的；性质有点像叶德辉氏《书林清话》，但不像《清话》有系统；它们旨趣原是两样的。因为买这本书，结识了那掌柜的；他以后给我找了不少便宜的旧书。有一种书，他找不到旧的；便和我说，他们批购新书按七五扣，他愿意少赚一扣，按九扣卖给我。我没有要他这么办，但是很感谢他的好意。

（本文原载 1935 年 1 月 10 日《水星》第 1 卷第 4 期）

# 书塾与学堂

文 / 郁达夫

从前我们学英文的时候,中国自己还没有教科书,用的是一册英国人编了预备给印度人读的同纳氏文法(编者注:英国语法学家纳斯菲尔德编写的一本英语语法书)是一路的读本。这读本里,有一篇说中国人读书的故事。插画中画着一位年老背曲拿烟管戴眼镜拖辫子的老先生坐在那里听学生背书,立在这先生前面背书的,也是一位拖着长辫的小后生。不晓为什么原因,这一课的故事,对我印象特别的深,到现在我还约略谙诵得出来。里面曾说到中国人读书的奇习,说:"他们无论读书背书时,总要把身体东摇西扫,摇动得像一个自鸣钟的摆。"这一种读书背书时摇摆身体的作用与快乐,大约是没有在从前的中国书塾里读过书的人所永不能了解的。

我的初上书塾去念书的年龄,却说不清楚了,大约总在七八岁的样子;只记得有一年冬天的深夜,在烧年纸的时候,我已经有点朦胧想睡了,尽在擦眼睛,打呵欠,忽而门外来了一位提着灯笼的老先生,说是来替我开笔的。我跟着他上了香,对孔子的

## 第三章
### 读书的习惯和风气

神位行了三跪九叩之礼；立起来就在香案前面的一张桌上写了一张上大人的红字，念了四句"人之初，性本善"的《三字经》。第二年的春天，我就夹着绿布书包，拖着红丝小辫，摇摆着身体，成了那册英文读本里的小学生的样子了。

经过了三十余年的岁月，把当时的苦痛，一层层地摩擦干净，现在回想起来，这书塾里的生活，实在是快活得很。因为要早晨坐起一直坐到晚的缘故，可以助消化，健身体的运动，自然只有身体的死劲摇摆与放大喉咙的高叫了。大小便，是学生们监禁中暂时的解放，故而厕所就变作了乐园。我们同学中间的一位最淘气的，是学官陈老师的儿子，名叫陈方；书塾就系附设在学宫里面的。陈方每天早晨，总要大小便十二三次。后来弄得先生没法，就设下了一支令签，凡须出塾上厕所的人，一定要持签而出；于是两人同去，在厕所里捣鬼的弊端革去了，但这令签的争夺，又成了一般学生们的唯一的娱乐。

陈方比我大四岁，是书塾里的头脑；像春香闹学似的把戏，总是由他发起，由许多虾兵蟹将来演出的，因而先生的挞伐，也以落在他一个人的头上者居多。不过同学中间的有几位狡猾的人，委过于他，使他冤枉被打的事情也着实不少；他明知道辩不清的，每次替人受过之后，总只张大了两眼，滴落几滴大泪点，摸摸头上的痛处就了事。我后来进了当时由书院改建的新式的学堂，而陈方也因他父亲的去职而他迁，一直到现在，还不曾和他有第二次见面的机会；这机会大约是永也不会再来了，因为国共分家的当日，在香港仿佛曾听见人说起过他，说他的那一种惨死的样子，简直和杜格纳夫（编者注：今译为屠格涅夫，俄国作家）所描写的卢亭（编者注：今译为罗亭，屠格涅夫长篇小说《罗亭》中的主人公，喜欢空谈理想却无实际生存能力，最后投入法国大革命，惨死于巴黎巷战中），完全是一样。

由书塾而到学堂！这一个转变，在当时的我的心里，比从天上飞到地上，还要来得大而且奇。其中的最奇之处，是我一个人，在全校的学生当中，身体年龄，都属最小的一点。

当时的学堂，是一般人的崇拜和惊异的目标。将书院的旧考棚撤去了几排，一间像鸟笼似的中国式洋房造成功的时候，甚至离城有五六十里路远的乡下人，都成群结队，带了饭包雨伞，走进城来挤看新鲜。在校舍改造成功的半年之中，"洋学堂"的三个字，成了茶店酒馆，乡村城市里的谈话的中心；而穿着奇形怪状的黑斜纹布制服的学堂生，似乎都是万能的张天师，人家也在侧目而视，自家也在暗鸣得意。

一县里唯一的这县立高等小学堂的堂长，更是了不得的一位大人物，进进出出，用的是蓝呢小轿；知县请客，总少不了他。每月第四个礼拜六下午作文课的时候，县官若来监课，学生们特别有两个肉馒头好吃；有些住在离城十余里的乡下的学生，于作文课完后回家的包裹里，往往将这两个肉馒头包得好好，带回乡下去送给邻里尊长，并非想学颖考叔的纯孝，却因为这肉馒头是学堂里的东西，而又出于知县官之所赐，吃了是可以驱邪启智的。

实际上我的那一班学堂里的同学，确有几位是进过学的秀才，年龄都在三十左右；他们穿起制服来，因为背形微驼，样子有点

## 第三章
### 读书的习惯和风气

不大雅观,但穿了袍子马褂,摇摇摆摆走回乡下去的态度,却另有着一种堂皇严肃的威仪。

初进县立高等小学堂那一年年底,因为我的平均成绩,超出了八十分以上,突然受了堂长和知县的提拔,令我和四位其他的同学跳过了一班,升入了高两年的级里;这一件极平常的事情,在县城里居然也耸动了视听,而在我们的家庭里,却引起了一场很不小的风波。

是第二年春天开学的时候了,我们的那位寡母,辛辛苦苦,调集了几块大洋的学费书籍费缴进学堂去后,我向她又提出了一个无理的要求,硬要她去为我买一双皮鞋来穿。在当时的我的无邪的眼里,觉得在制服下穿上一双皮鞋,挺胸伸脚,得得得得地在石板路上走去,就是世界上最光荣的事情;跳过了一班,升进了一级的我,非要如此打扮,才能够压服许多比我大一半年龄的同学的心。为凑集学费之类,已经罗掘得精光的我那位母亲,自然是再也没有两块大洋的余钱替我去买皮鞋了,不得已就只好老了面皮,带着了我,上大街上的洋广货店里去赊去;当时的皮鞋,是由上海运来,在洋广货店里寄售的。

一家,两家,三家,我跟了母亲,从下街走起,一直走到了上街尽处的那一家隆兴字号。店里的人,看我们进去,先都非常客气,摸摸我的头,一双一双的皮鞋拿出来替我试脚;但一听到了要赊欠的时候,却同样地都白了眼,作一脸苦笑,说要去问账房先生的。而各个账房先生,又都一样地板起了脸,放大了喉咙,说是赊欠不来。到了最后那一家隆兴里,惨遭拒绝赊欠的一瞬间,母亲非但涨红了脸，我看见她的眼睛，也有点红起来了。不得已只好默默地旋转了身，走出了店；我也并无言语，跟在她的后面走回家来。到了家里，她先掀着鼻涕，上楼去了半天；后来终于带了一大包衣服，走下楼来了，我晓得她是将从后门走出，上当铺去以衣服抵押现钱的；这时候，我心酸极了，哭着喊着，赶上了后门边把她拖住，就绝命地叫说：

"娘，娘！您别去吧！我不要了，我不要皮鞋穿了！那些店家！那些可恶的店家！"

我拖住了她跪向了地下，她也呜呜地放声哭了起来。两人的对泣，惊动了四邻，大家都以为是我得罪了母亲，走拢来相劝。我愈听愈觉得悲哀，母亲也愈哭愈是厉害，结果还是我重赔了不是，由间壁的大伯伯带走，走上了他们的家里。

自从这一次的风波以后，我非但皮鞋不着，就是衣服用具，都不想用新的了。拼命地读书，拼命地和同学中的贫苦者相往来，对有钱的人，经商的人仇视等，也是从这时候而起的。当时虽还只有十一二岁的我，经了这一番波折，居然有起老成人的样子来了，直到现在，觉得这一种怪僻的性格，还是改不转来。

到了我十三岁的那一年冬天，是光绪三十四年（编者注：公元1908年），皇帝死了；小小的这富阳县里，也来了哀诏，发生了许多议论。熊成基的安徽起义（编者注：即安庆起义，亦称"戊申安庆之役"），无知幼弱的溥仪的入嗣，帝室的荒淫，种族的歧异等等，都从几位看报的教员的口里，传入了我们的耳朵。而对于我印象最深的，是一位国文教员拿给我们看的报纸上的一张青年军官的半身肖像。他说,这一位革命义士,在哈尔滨被捕,在吉林被满清的大员及汉族的卖国奴等生生地杀掉了;我们要复仇,我们要努力用功。所谓种族,所谓革命,所谓国家等等的概念,到这时候,才隐约地在我脑里生了一点儿根。

(本文副标题为"自传之三",原载 1935 年 1 月 5 日《人间世》半月刊第 19 期)

# 牛津的书虫

文 / 许地山

许地山（1893—1941），名赞堃，笔名落华生，原籍台湾台南，寄籍福建龙溪（今漳州）。中国作家、宗教学家。文学研究会发起人之一。1922年毕业于燕京大学，获神学士学位。后曾留学美国、英国，并赴印度研究佛学。回国后先后任燕京大学、北京大学、清华大学等校教授。抗日战争全国爆发前后在香港大学任教，并从事进步文化活动。作品有《空山灵雨》《缀网劳蛛》《商人妇》《春桃》《危巢坠简》等。

牛津实在是学者的学国，我在此地两年的生活尽用于波德林图书馆、印度学院、阿克关屋（社会人类学讲室），及曼斯斐尔学院中，竟不觉归期已近。

同学们每叫我做"书虫"，定蜀常鄙夷地说我于每谈论中，不上三句话，便要引经据典，"真正死路"！刘锴说："你成日读书，睇读死你嚟呀！"（编者注：广东方言）书虫诚然是无用的东西，但读书读到死，是我所乐为。假使我的财力、事业能够

## 第三章
## 读书的习惯和风气

容允我，我诚愿在牛津做一辈子的书虫。

我在幼时已决心为书虫生活。自破笔受业直到如今，二十五年间未尝变志。但是要做书虫，在现在的世界本不容易。须要具足五个条件才可以。五件者：第一要身体康健；第二要家道丰裕；第三要事业清闲；第四要志趣淡薄；第五要宿慧超越。我于此五件，一无所有！故我以十年之功只当他人一夕之业。于诸学问、途径还未看得清楚，何敢希望登堂入室？但我并不因我的资质与境遇而灰心，我还是抱着读得一日便得一日之益的心志。

为学有三条路向：一是深思，二是多闻，三是能干。第一途是做成思想家的路向；第二是学者；第三是事业家。这三种人同是为学，而其对于同一对象的理解则不一致。譬如有人在居庸关下偶然捡起一块石头，一个思想家要想它怎样会在那里，怎样被人捡起来，和它的存在的意义。若是一个地质学者，他对于那石头便从地质方面源源本本地说。若是一个历史学者，他便要探求那石头与过去史实有无的关系。若是一个事业家，他只想着要怎样利用那石而已。三途之中，以多闻为本。我邦先贤教人以"博闻强记"，及教人"不学而好思，虽知不广"的话，真可谓能得为学的正谊。但在现在的世界，能专一途的很少。因为生活上等等的压迫，及种种知识上的需要，使人难为纯粹的思想家或事业家。假使苏格拉底生于今日的希腊，他难免也要写几篇关于近东问题的论文投到报馆里去卖几个钱。他也得懂得一点汽车、无线电的使用方法。也许他会把钱财存在银行里。这并不是因为"人心不古"，乃是因为人事不古。近代人需要等等知识为生活的资助，大势所趋，必不能在短期间产生纯粹的或深邃的专家。故为学要先多能，然后专攻，庶几可以自存，可以有所贡献。吾人生于今日，对于学问，专既难能，博又不易，所以应于上列三途中至少要兼二程。兼多闻与深思者为文学家。兼多闻与能干的为科学家。就是说一个人具有学者与思想家的才能，便是文学家；具有学者与专业家的功能的，便是科学家。文学家与科学家同要具学者的资格，所不同者，一是偏于理解，一是偏于作用；一是修文，一是格物（自然我所用科学家与文学家的名字是广义的）。进一步说，舍多闻既不能有深思，亦不能生能干，所以多闻是为学根本。多闻多见为学者应有的事情，如人能够做到，才算得过着书虫的生活。当彷徨于学问的歧途时，若不能早自决断该向哪一条路走去，他的学业必致如荒漠的砂粒，既不能长育生灵，又不堪制作器用。即使他能下笔千言，必无一字可取。纵使他能临事多谋，必无一策能成。我邦学者，每不擅于过书虫生活，在歧途上既不能慎自抉择，复不虚心求教；过得去时，便充名士；过不去时，就变劣绅。所以我觉得留学而学普通知识，是一个民族最羞耻的事情。

我每觉得我们中间真正的书虫太少了。这是因为我们当学生的多半穷乏，急于谋生，不能具足上说五种求学条件所致。从前生活简单，旧式书院未变学堂的时代，还可以希望从领膏火费的生员中造成一二。至于今日的官费生或公费生，多半是虚掷时间和金钱的。这样的光景在留学界中更为显然。

牛津的书虫很多，各人都能利用他的机会去钻研，对于有学无财的人，各学院尽予津贴，未卒业者为"津贴生"，已卒业者为"特待校友"，特待校友中有一辈以读书为职业的。要有这样的待遇，然后可产出高等学者。在今日的中国要靠著作度日是绝对不可能的，因社会程度过低，还养不起著作家。……所以著作家的生活与地位在他国是了不得，在我国是不得了！著作家还养不起，何况能养在大学里以读书为生的书虫？这也许就是中国的"知识阶级"不打而自倒的原因。

〔本文为许地山未写成的散文《东归闲话》中的一节，据1950年2月2日香港《工商日报》中万方（罗香林）《许地山与香港的读书风气》一文录出〕

# 读书也要讲"姿势"

文／邓拓

看见这个题目,一定会有人觉得很奇怪。可不是吗?我们要养成读书的习惯,这是可以理解的。为什么读书也要讲"姿势"?这就难以理解了。

其实,这个问题还是不难理解的。无论做什么活动,都要讲究一定的姿势。人们日常的每个动作,如果仔细加以观察,几乎都有与它相适应的某种姿势。正确的姿势和不正确的姿势,产生的结果往往很不相同。从我们大家熟悉的学校生活情况来看,这个问题就更加容易理解。

走到操场,有一个最突出的感觉,就是人人都特别讲究姿势。跑步要有跑步的正确姿势,打球要有打球的正确姿势,举重要有举重的正确姿势,跳高、跳远也要有跳高、跳远的正确姿势,如此等等,不胜枚举。如果姿势不对,不但身体得不到良好的锻炼,甚至会扭伤、跌倒,后果很坏。因此,体育老师和熟练的运动员,生怕年青的同学下操场活动没有经验,积极地在现场进行辅导,讲解各项动作的正确姿势,纠正许多不正确的姿势。下操场的同学也很注意练习各种姿势,互相督促,成绩显著。

## 第三章
### 读书的习惯和风气

同样，在生产实习和参加实验的时候，大家也很认真听取老师傅和熟练工人关于操作规程的讲解，并且在机器旁边从事操作的过程中，很注意每个动作都保持正确的姿势，以防止意外事故的发生。

但是，当我们走到学生自习的教室和图书阅览室一看，情形却很不一样。在这些地方，一部分同学往往表现得很随便，有的顶着阳光，有的背着光线，或者斜倚在书桌旁边，或者蹲在阴暗的角落里，埋头在看书、做习题。还有的虽然坐着写东西，可是，偏偏又把头侧向左边，搁在左臂上，斜着眼睛看右手的笔尖在练习本上移动。为什么他们在这些地方，对于自己读书和写字等等，就完全不讲究姿势呢？

我想劝告这些同学，要努力纠正不正确的读书姿势，讲究正确的读书姿势。事实早已证明，有的同学因为马虎大意，缺乏正确的读书姿势，以致身体已经出现了一些严重的不健康状态，如近视、驼背等等。如果许多青少年都戴上了眼镜，岂不令人惋惜？现在只要努力纠正，他们之中除了极少数由于先天性的原因以外，一般是能够逐渐好转，或者停止发展的。希望教师们、家长们，配合同学们自己，共同创造条件，形成风气，促使每个青少年都具有正确的读书姿势。

有的人说，姿势问题只是外表现象，与内在精神无关；我们有饱满的精神，努力钻研学问，顾不上什么姿势问题。这种论调，似乎很有劲，精神可嘉，而实际上是非常有害的。姿势问题在本质上说，恰恰是精神状态的一种反映。试想一想，如果摆着东歪西斜的凌乱散漫的种种姿势，这算得是什么样的精神状态呢？

明代薛岗的《天爵堂笔余》中有一则记载，可以说是谈论读书姿势问题的。他写道：

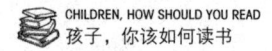

读书、作文俱要一副真精神。坐则神奋，卧则神驰，此常情也。然卧常可以作文，而必不可以读书。曹操有欹案可卧读，杨盈川有卧读书架，二君不知何见。今之对书而睡者当效之。

薛岗的意见照我们现在的观点看来，也应该承认他基本上是正确的。不管是读书或者是写作，不拿出真精神就一定搞不好。坐着比较容易提起精神，这完全符合生理规律。即便我们现在不一定都要强调像古人那样"正襟危坐"，但是，能够坐得端端正正，也绝无害处，只会有好处。而且坐的地方还必须注意光线，不要阳光直射，也不可背光。如果能够做到"窗明几净"就更好了。

至于躺着看书等等，固然不必绝对反对，可是的确不应该当作正确的姿势。对于一般健康的人来说，如果认真阅读重要的书籍，最好不要躺着。所谓"卧常可以作文"也只能是思索文章的若干要点，或者是病人口授文章的内容而已。三国时代的曹操和唐代的杨炯，虽然都是有杰出才能的，特别是作为初唐四杰之一的杨盈川，在儿童时期就被称为神童，这两人可能有独异于常人之处，但是他们卧读的例子也仍然不足为训。

如今青年同学们读书的风气很盛，大家对于读书的姿势问题，就越来越需要引起足够的重视。昨天刚好有几位青年同学座谈这个问题，因此，我愿意把这意见公布出来。

（本文署名为马南邨，原载1962年4月19日《北京晚报》的《燕山夜话》专栏，后收入杂文集《燕山夜话》第4集）

# 不要空喊读书

文 / 邓拓

　　要读书，就应该拿起书来，一字一句地认真读下去，为什么会有空喊的呢？

　　空喊读书的，可能有几种人：第一种人因为自己没有养成读书的习惯，坐不住，安不下心，读不下去，但是又觉得读书很有必要，于是就成了空喊。第二种人因为有一些误解，以为拿起书来从头到尾读下去，就会变成读死书，所以还不敢也不肯这么做，于是也变成了空喊。第三种人因为太懒了，不愿意自己花时间去读书，只希望能找到什么秘诀，不必费很多力气，一下子就能吸收很多知识，所以成天叫喊要读书，实际上却没有读。

　　这三种人即使是极少数的，我们也应该耐心地给以帮助，使他们不再空喊，而认真地坐下来读书。并且对这三种人还要有所区别，采取不同的办法给以帮助。

　　三种人之中最难办的是懒病太深的人。这怎么办呢？唯一的办法是要促使他痛下决心，勤学苦读。虽然不必采取什么"以锥刺股"那样的办法，但是，也要有相当的发奋之心，否则是一事无成的。而只要真的勤学苦读了，那么，有时候才有可能达到"豁然贯通"的境界。唐代大诗人李白"梦笔生花"的故事，不是全属无稽之谈。古人类似这样的故事还多得很。例如，唐代鲍坚的《武陵记》一书，还写了这样的一个故事：

后汉马融勤学。梦见一林花如锦绣。梦中摘此花食之，及寤，见天下文词，无所不知。时人号为绣囊。

很明显，马融所以能够变成"绣囊"，并非真的因为他做梦吃了花儿的缘故，而是因为他勤学苦读的缘故。

听了这个故事，如果不从勤学苦读方面去向马融学习，而光想做梦吃花儿，那又会有什么结果呢！

可是，按照懒人的想法，却很可能不从勤学苦读上着眼。他也许会想到：这真妙啊！古时马融做梦吃了花儿，醒来就能通晓天下的文词；那么，现在能不能请一位科学家，发明一种神奇的办法，比如用注射针之类，对人脑进行注射，来代替读书呢？如果能发明这样的方法就太好了。到那时候，打一针或者吃一服药，就能吸收多少部书；这么一来，只消一个早上就能培养成千上万的知识分子和专门人才，岂不妙哉！

当然这只不过是痴人说梦而已，决不会真有人做这样的想法。我们但能从中体会到老老实实的读书态度的重要性，便有极大的受用。

然而，是不是一字一句从头到尾地读书，又会被批评为读死书呢？决不会的。我们反对读死书主要是指那种目的不正确的而言，并非说：认真读书都是读死书。要是这样理解，就大错特错了。其实，有许多人根本还没有读什么书，完全说不上什么读死书或者读活书的问题。

有的人老爱高谈阔论。什么事也没有做起，先要谈论个不休。大家都曾见到，有的成天在订计划、开书目，请人讲读书方法，在许多场合都很热心地泛论读书的重要性，如此这般耗费了许多时间和精力，结果误了别人也误了自己，倒不如把耗费的这些宝贵时间，放在老老实实地认真读书上面，也许可以得益不浅。

至于那种坐不住的人，只要下决心坐下来，很快就能养成习惯。这种人的毛病最轻，最好治。

一句话，读书不要空喊，到处叫嚷毫无用处。你觉得自己最需要什么知识，就赶快到图书馆去找有关的书籍，如有可能再想法买到这些书籍，抓住一天半天的时间，老老实实地从头到尾地一字一句地耐心读下去，遇到自己有用的重要材料就用本子记下来。这样做，从自己最需要的地方下手，兴趣很快也会培养起来，日积月累，就能读好多书，掌握好多知识。舍此以外，别无路子可走。

（本文署名为马南邨，原载1961年10月15日《北京晚报》的《燕山夜话》专栏，后收入杂文集《燕山夜话》第2集）

# 有书赶快读

文 / 邓拓

我有许多书,没有好好读;有的刚读完还记得清楚,过些日子又忘了;偶然要用,还要临时翻阅,自己常常觉得可笑。

这种情形别人不了解,总以为我有什么读书的秘诀,不肯告人。其实我的确什么秘诀也没有。把真相坦白地告诉读者,还有一些人仍然不相信。几个学校的青年同学来信约我去讲读书的经验,我很惭愧不能答应他们的请求。昨天到书店门市部走走,遇见几位同学,不客气地拉住我,说要"聊一聊"。我们终于就目前读书的问题聊了一阵子。

看来他们都在找书读,而以找不到自己需要的书籍为苦。我们的话题就从这里展开了。

有书的人不一定读书,没有书的人却到处找书读,这是多么不合理的现象!然而,又是很自然的现象。因为没有书的人如果不向别人借书,不到图书馆借书,也不来书店门市部看书,那就简直毫无办法;而有书的人,总觉得书已经属于自己所有,随时都可以读,满不在乎,反倒不急于读书或者不想读书了。这种

# 第三章
## 读书的习惯和风气

现象不是人人都能遇见的吗？

大家也许还记得，以前报纸介绍过宋代苏东坡写的《李氏山房藏书记》和清代袁枚写的《黄生借书说》这两篇文章吧？我们要学习古代读书人的勤奋精神，千万不要藏着一大堆书而不加以利用。

我想在这里向大家介绍另一个故事。明代有一部笔记，名为《泽山杂记》，不知作者是谁。这部笔记中叙述了明代洪武年间的一位御史大夫景清的事迹。景清与方孝孺齐名，为反对永乐政变而同时殉难的明代杰出人物。他在青年时代，勤奋读书，过目不忘，为同辈之冠。据载：

景清倜傥尚大节，领乡荐，游国学。时同舍生有秘书，清求而不与。固请，约明旦即还书。生旦往索。曰：吾不知何书，亦未假书于汝。生忿，讼于祭酒。清即持所假书，往见，曰：此清灯窗所业书。即诵辄卷。祭酒问生，生不能诵一词。祭酒叱生退。清出，即以书还生，曰：吾以子珍秘太甚，特此相戏耳。

像景清这样勤学强记的人，实在难得。但是正因为他自己没有秘本，而如饥如渴地想读同舍朋友的秘本，所以他特别努力，只用一夜的工夫，就能背诵全书。反之，他的同舍朋友虽然藏有秘本，却没有读它，所以经不起考问。显然，景清的目的是要警告他的朋友，要朋友注意利用书籍，不要死死地藏书不用，而不是想要强占他朋友的秘本。

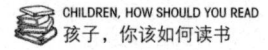

从这个故事中,我们得到什么体会呢?我以为,最重要的体会是:有书就要赶快读,不论是自己的书,或是借别人的书。即便有些书籍本头太大,内容很多,无法全读,起码也应该扼要地翻阅一遍,知道它的内容,以免将来要用,临时"抓瞎"。

清代的一位著名学者包世臣,留下一些名言,对我们理解这个问题也很有启发。他曾经写过许多对联,一直流传至今。其中有一副对联,我忘了他写的上联,只记得下联是:"补读平生未见书。"这一句给我的印象特别深。还有一副对联,我也只记得下联,他写道:"闭户遍读家藏书。"这一句同样使我受到很大的鼓励。后面这一句似乎不是包世臣自己的,而是宋代陆放翁的诗句。

古人每到书多的时候,往往也有了相当的地位,正如袁枚说过:"通籍后,俸去书来,落落大满,素蟫灰丝,时蒙卷轴。"这不能不引起认真的读书人的警惕,他们时常写下许多座右铭、对联之类以鞭策自己,生怕一天到晚忙忙碌碌,什么书也没有读。以古喻今,那么,我们现在就更要趁着年青的时候,抓紧机会,赶快读书。

有的青年同学认为,景清能够读到秘本,真"带劲",我们可惜没有什么秘本可读,这怎么办呢?其实,古人所谓秘本,内容并不稀奇,我们现在的图书馆拥有成千成万的历代秘笈珍本,如果你需要,就可以借来阅读。何况古人所谓秘本,有许多现在都已经大量翻印了,很容易买到手,又有什么稀奇呢?更重要的是,我们这个时代最伟大的革命经典著作,人人都可以读到,这个条件实在太好了,古人又怎么能够比得了我们呢?

最后,我奉劝青年朋友们,你们手上哪怕只有几本政治理论和科学研究的书籍,也要赶快先把它们读得烂熟。因为它们所包括的知识内容,是非常丰富的。这些是最重要的基础知识。只有让自己的基础打好了,将来读其他参考书才能够做到多多益善。如果现在丢开这些基本的书籍不认真苦读,一心想找秘本,只恐望梅止渴,无济于事。一句话,我认为你们现在手上已经有书,希望你们赶快读吧。

(本文署名为马南邨,原载1962年5月10日《北京晚报》的《燕山夜话》专栏,后收入杂文集《燕山夜话》第4集)

# 第四章
# 读书的经验和方法

　　有些读者贪图省力,不肯下苦功夫,一见有这些秘诀,满心欢喜,结果就不免上当……历来真正做学问有成就的学者,都不懂得什么秘诀,你即便问他,他实在也说不出。他们有的只是一些读书实践中总结的经验和方法。

# 随便翻翻

文 / 鲁迅

我想讲一点我的当作消闲的读书——随便翻翻。但如果弄得不好，会受害也说不定的。

我最初去读书的地方是私塾，第一本读的是《鉴略》，桌上除了这一本书和习字的描红格，对字（这是做诗的准备）的课本之外，不许有别的书。但后来竟也慢慢地认识字了，一认识字，对于书就发生了兴趣，家里原有两三箱破烂书，于是翻来翻去，大目的是找图画看，后来也看看文字。这样就成了习惯，书在手头，不管它是什么，总要拿来翻一下，或者看一遍序目，或者读几页内容，到得现在，还是如此，不用心，不费力，往往在作文或看非看不可的书籍之后，觉得疲劳的时候，也拿这玩意来作消遣了，而且它也的确能够恢复疲劳。

倘要骗人，这方法很可以冒充博雅。现在有一些老实人，和我闲谈之后，常说我书是看得很多的，略谈一下，我也的确好像书看得很多，殊不知就为了常常随手翻翻的缘故，却并没有本本细看。还有一种很容易到手的秘本，是《四库书目提要》，倘还怕繁，那么，《简明目录》也可以，这可要细看，它能做成你好像看过许多书。不过我也曾用过正经工夫，如什么"国学"之类，请过先生指教，留心过学者所开的参考书目。结果都不满意。有些书目开得太多，要十来年才能看完，我还疑心他自己就没有看；只开几部的较好，可是这须看这位开书目的先生了，如果他是一位糊涂虫，那么，开出来的几部一定也是极顶糊涂书。不看还好，一看就糊涂。

我并不是说，天下没有指导后学看书的先生，有是有的，不过很难得。

这里只说我消闲的看书——有些正经人是反对的，以为这么一来，就"杂"！"杂"，现在又算是很坏的形容词。但我以为也有好处。譬如我们看一家的陈年账簿，每天写着"豆付（编者注：即"豆腐"）三文，青菜十文，鱼五十文，酱油一文"，就知先前这几个钱就可买一天的小菜，吃够一家；看一本旧历本，写着"不宜出行，不宜沐浴，不宜上梁"，就知道先前是有这么多的禁忌。看见了宋人笔记里的"食菜事魔"，明人笔记里的"十彪五虎"，就知道"哦呵，原来'古已有之'。"但看完一部书，都是些那时的名人轶事，某将军每餐要吃三十八碗饭，某先生体重一百七十五斤半；或是奇闻怪事，某村雷劈蜈蚣精，某妇产生人面蛇，毫无益处的也有。这时可得自己有主意了，知道这是帮闲文士所做的书。凡帮闲，他能令人消闲消得最坏，他用的是最坏的方法。倘不小心，被他诱过去，那就坠入陷阱，后来满脑子是某将军的饭量，某先生的体重、蜈蚣精和人面蛇了。

## 第四章
### 读书的经验和方法

　　讲扶乩的书，讲婊子的书，倘有机会遇见，不要皱起眉头，显示憎厌之状，也可以翻一翻；明知道和自己意见相反的书，已经过时的书，也用一样的办法。例如杨光先的《不得已》是清初的著作，但看起来，他的思想是活着的，现在意见和他相近的人们正多得很。这也有一点危险，也就是怕被它诱过去。治法是多翻，翻来翻去，一多翻，就有比较，比较是医治受骗的好方子。乡下人常常误认一种硫化铜为金矿，空口是和他说不明白的，或者他还会赶紧藏起来，疑心你要白骗他的宝贝。但如果遇到一点真的金矿，只要用手掂一掂轻重，他就死心塌地：明白了。

　　"随便翻翻"是用各种别的矿石来比的方法，很费事，没有用真的金矿来比得明白，简单。我看现在青年的常在问人该读什么书，就是要看一看真金，免得受硫化铜的欺骗。而且一识得真金，一面也就真的识得了硫化铜，一举两得了。

　　但这样的好东西，在中国现有的书里，却不容易得到。我回忆自己的得到一点知识，真是苦得可怜。幼小时候，我知道中国在"盘古氏开辟天地"之后，有三皇五帝，……宋朝，元朝，明朝，"我大清"。到二十岁，又听说"我们"的成吉思汗征服欧洲，是"我们"最阔气的时代。到二十五岁，才知道所谓这"我们"最阔气的时代，其实是蒙古人征服了中国，我们做了奴才。直到今年八月里，因为要查一点故事，翻了三部蒙古史，这才明白蒙古人的征服"斡罗思"（编者注：今译为俄罗斯），侵入匈奥，还在征服全中国之前，那时的成吉思还不是我们的汗，倒是俄人被奴的资格比我们老，应该他们说"我们的成吉思汗征服中

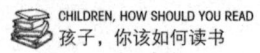

国，是我们最阔气的时代"的。

我久不看现行的历史教科书了，不知道里面怎么说；但在报章杂志上，却有时还看见以成吉思汗自豪的文章。事情早已过去了，原没有什么大关系，但也许正有着大关系，而且无论如何，总是说些真实的好。所以我想，无论是学文学的、学科学的，他应该先看一部关于历史的简明而可靠的书。但如果他专讲天王星，或海王星，虾蟆的神经细胞，或只咏梅花，叫妹妹，不发关于社会的议论，那么，自然，不看也可以的。

我自己，是因为懂一点日本文，在用日译本《世界史教程》和新出的《中国社会史》应应急的，都比我历来所见的历史书类说得明确。前一种中国曾有译本，但只有一本，后五本不译了，译得怎样，因为没有见过，不知道。后一种中国倒先有译本，叫作《中国社会发展史》，不过据日译者说，是多错误，有删节，靠不住的。

我还在希望中国有这两部书。又希望不要一哄而来，一哄而散，要译，就译他完；也不要删节，要删节，就得声明，但最好还是译得小心，完全，替作者和读者想一想。

十一月二日。

（本文署名为公汗，原载 1934 年 11 月上海《读书生活》月刊 1 卷 2 期，后收入《且介亭杂文》）

# 读书

文 / 胡适

"读书"这个题,似乎很平常,也很容易。然而我却觉得这个题目很不好讲。据我所知,"读书"可以有三种说法:

一、要读何书。关于这个问题,《京报副刊》上已经登了许多时候的"青年必读书";但是这个问题,殊不易解决,因为个人的见解不同,个性不同。各人所选只能代表各人的嗜好,没有多大的标准作用。所以我不讲这一类的问题。

二、读书的功用。从前有人作"读书乐",说什么"书中自有千钟粟,书中自有黄金屋,书中自有颜如玉",现在我们不说这些话了。要说,读书是求知识,知识就是权力。这些话都是大家会说的,所以我也不必讲。

三、读书的方法。我今天是要想根据个人所经验,同诸位谈谈读书的方法。我的第一句话是很平常的,就是说,读书有两个要素:第一要精,第二要博。

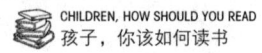

**现在先说什么叫"精"。**

我们小的时候读书,差不多每个小孩都有一条书签,上面写十个字,这十个字最普遍的就是"读书三到:眼到,口到,心到"。现在这种书签虽不用,三到的读书法却依然存在。不过我以为读书三到是不够的;须有四到,是:"眼到,口到,心到,手到"。我就拿它来说一说。

眼到是要个个字认得,不可随便放过。这句话起初看去似乎很容易,其实很不容易。读中国书时,每个字的一笔一画都不放过。近人费许多工夫在校勘学上,都因古人忽略一笔一画而已。读外国书要把 A、B、C、D 等字母弄得清清楚楚,所以说这是很难的。如有人翻译英文,把 port 看作 pork,把 oats 看作 oaks,于是葡萄酒一变而为猪肉,小草变成了大树。说起来这种例子很多,这都是眼睛不精细的结果。书是文字做成的,不肯仔细认字,就不必读书。眼到对于读书的关系很大,一时眼不到,贻害很大,并且眼到能养成好习惯,养成不苟且的人格。

口到是一句一句要念出来。前人说口到是要念到烂熟背得出来。我们现在虽不提倡背书,但有几类的书,仍旧有熟读的必要,如心爱的诗歌,如精彩的文章,熟读多些,于自己的作品上也有良好的影响。读此外的书,虽不须念熟,也要一句一句念出来,中国书如此,外国书更要如此。念书的功用能使我们格外明了每一句的构造,句中各部分的关系。往往一遍念不通,要念两遍以上,方才能明白的。读好的小说尚且要如此,何况读关于思想学问的书呢?

心到是每章、每句、每字意义如何？何以如是？这样用心考究。但是用心不是叫人枯坐冥想，是要靠外面的设备及思想的方法的帮助。要做到这一点，须要有几个条件：

（一）字典、辞典、参考书等等工具要完备。这几样工具虽不能办到，也当到图书馆去看。我个人的意见是奉劝大家，当衣服，卖田地，至少要置备一点好的工具。比如买一本韦氏大字典，胜于请几个先生。这种先生终身跟着你，终身享受不尽。

（二）要做文法上的分析。用文法的知识，作文法上的分析，要懂得文法构造，方才懂得它的意义。

（三）有时要比较参考，有时要融会贯通，方能了解。不可但看字面。一个字往往有许多意义，读者容易上当。

例如 turn 这字：

作外动字解有十五解，作内动字解有十三解，作名词解有二十六解，共五十四解，而成语不算。

又如 Strike：

作外动字解有三十一解，作内动字解有十六解，作名词解有十八解，共六十五解。

又如 go 字最容易了，然而这个字：

作内动字解有二十二解，作外动字解有三解，作名词解有九解，共三十四解。

以上是英文字须要加以考究的例。英文字典是完备的；但是某一字在某一句究竟用第几个意义呢？这就非比较上下文，或贯串全篇，不能懂了。

中文较英文更难，现在举几个例：

祭文中第一句"维某年月日"之"维"字，究作何解，字典上说它是虚字。《诗经》里"维"字有两百多，必须细细比较研究，然后知道这个字有种种意义。

又《诗经》之"于"字，"之子于归""凤凰于飞"等句，"于"字究作何解？非仔细考究是不懂的。又"言"字人人知道，但在《诗经》中就发生问题，必须比较，然后知"言"字为连接字。诸如此例甚多。中国古书很难读，古字典又不适用，非是用比较归纳的研究方法，我们如何懂得呢？

总之，读书要会疑，忽略过去，不会有问题，便没有进益。

宋儒张载说："读书先要会疑。于不疑处有疑，方是进矣。"他又说："在可疑而不疑者，不曾学。学则须疑。"又说："学贵心悟，守旧无功。"

宋儒程颐说："学原于思。"

这样看起来，读书要求心到；不要怕疑难，只怕没有疑难。工具要完备，思想要精密，就不怕疑难了。

现在要说手到。手到就是要劳动劳动你的贵手。读书单靠眼到，口到，心到，还不够的；必须还得自己动动手，才有所得。例如：

（一）标点分段，是要动手的。

（二）翻查字典及参考书，是要动手的。

（三）做读书札记，是要动手的。札记又可分四类：

1. 抄录备忘。

2. 作提要，节要。

3. 自己记录心得。张载说:"心中苟有所开,即便札记。不则还塞之矣。"

4. 参考诸书,融会贯通,作有系统的著作。

手到的功用。我常说:发表是吸收知识和思想的绝妙方法。吸收进来的知识思想,无论是看书来的,或是听讲来的,都只是模糊零碎,都算不得我们自己的东西。自己必须做一番手脚,或做提要,或做说明,或做讨论,自己重新组织过,申叙过,用自己的语言记述过,——那种知识思想方才可算是你自己的了。

我可以举一个例。你也会说"进化",他也会谈"进化",但你对于"进化"这个观念的见解未必是很正确的,未必是很清楚的;也许只是一种"道听途说",也许只是一种时髦的口号。这种知识算不得知识,更算不得是"你的"知识。假如你听了我的话,不服气,今晚回去就去遍翻各种书籍,仔细研究进化论的科学上的根据;假使你翻了几天书之后,发愤动手,把你研究所得写成一篇读书札记;假使你真动手写了这么一篇《我为什么相信进化论》的札记,列举了:

①生物学上的证据;

②比较解剖学上的证据;

③比较胚胎学上的证据;

④地质学和古生物学上的证据;

⑤考古学上的证据;

⑥社会学和人类学上的证据。

到这个时候,你所有关于"进化论"的知识,经过了一番组织安排,经过了自己的去取叙述,这时候这些知识方才可算是你自己的了。所以我说,发表是吸收的利器;又可以说,手到是心到的法门。

至于动手标点,动手翻字典,动手查书,都是极要紧的读书秘诀,诸位千万不要轻轻放过。内中自己动手翻书一项尤为要紧。我记得前几年我曾劝顾颉刚先生标点姚际恒的《古今伪书考》。当初我知道他的生活困难,希望他标点一部书付印,卖几个钱。那部书是很薄的一本,我以为他一两个星期就可以标点完了。哪知顾先生一去半年,还不曾交卷。原来他于每条引的书,都去翻查原书,仔细校对,注明出处,注明原书卷第,注明删节之处。他动手半年之后,来对我说,《古今伪书考》不必付印了,他现在要编辑一部疑古的丛书,叫作"辨伪丛刊"。我很赞成他这个计划,让他去动手。他动手了一两年之后,更进步了,又超过那"辨伪丛刊"的计划了,他要自己创作了。他前年以来,对于中国古史,做了许多辨伪的文字;他眼前的成绩早已超过崔述了,更不要说姚际恒了。顾先生将来在中国史学界的贡献一定不可限量,但我们要知道他成功的最大原因是他的手到的工夫勤而且精。我们可以说,没有动手不勤快而能读书的,没有手不到而能成学者的。

第二要讲什么叫"博"。

什么书都要读,就是博。古人说:"开卷有益",我也主张这个意思,所以说读书第一要精,第二要博。我们主张"博"有两个意思:第一,为预备参考资料计,不可不博。第二,为做一

## 第四章
## 读书的经验和方法

个有用的人计,不可不博。

第一,为预备参考资料计。

在座的人,大多数是戴眼镜的。诸位为什么要戴眼镜?岂不是因为戴了眼镜,从前看不见的,现在看得见了;从前很小的,现在看得很大了;从前看不分明的,现在看得清楚分明了?王荆公说得最好:

> 世之不见全经久矣。读经而已,则不足以知经。故某自百家诸子之书,至于《难经》《素问》《本草》诸小说,无所不读;农夫女工,无所不问;然后于经为能知其大体而无疑。盖后世学者与先王之时异矣;不如是,不足以尽圣人故也。……致其知而后读,以有所去取,故异学不能乱也。惟其不能乱,故能有所去取者,所以明吾道而已。(《答曾子固》)

他说:"致其知而后读。"又说:"读经而已,则不足以知经。"即如《墨子》一书在一百年前,清朝的学者懂得此书还不多。到了近来,有人知道光学,几何学,力学,工程学……等,一看《墨子》,才知道其中有许多部分是必须用这些科学的知识方才能懂的。后来有人知道了伦理学,心理学……等,懂得《墨子》更多了。读别种书愈多,《墨子》愈懂得多。

所以我们也说,读一书而已则不足以知一书。多读书,然后可以专读一书。譬如读《诗经》,你若先读了北大出版的《歌谣

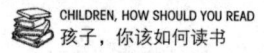

周刊》，便觉得《诗经》好懂得多了；你若先读过社会学，人类学，你懂得更多了；你若先读过文字学，古音韵学，你懂得更多了；你若读过考古学，比较宗教学等，你懂得的更多了。

你要想读佛家唯识宗的书吗？最好多读点伦理学，心理学，比较宗教学，变态心理学。

无论读什么书总要多配几副好眼镜。

你们记得达尔文研究生物进化的故事吗？达尔文研究生物演变的现状，前后凡三十多年，积了无数材料，想不出一个单简贯串的说明。有一天他无意中读马尔图斯的人口论，忽然大悟生存竞争的原则，于是得着物竞天择的道理，遂成一部破天荒的名著，给后世思想界打开一个新纪元。

所以要博学者，只是要加添参考的材料，要使我们读书时容易得"暗示"；遇着疑难时，东一个暗示，西一个暗示，就不至于呆读死书了。这叫作"致其知而后读"。

第二，为做人计。

专工一技一艺的人，只知一样，除此之外，一无所知。这一类的人影响于社会很少，好有一比，比一根旗竿，只是一根孤拐，孤单可怜。

又有些人广泛博览，而一无所专长，虽可以到处受一班贱人的欢迎，其实也是一种废物。这一类人，也好有一比，比一张很大的薄纸，禁不起风吹雨打。

在社会上，这两种人都是没有什么大影响，为个人计，也很少乐趣。

理想中的学者,既能博大,又能精深。精深的方面,是他的专门学问。博大的方面,是他的旁搜博览。博大要几乎无所不知,精深要几乎惟(编者注:同"唯")他独尊,无人能及。他用他的专门学问做中心,次及于直接相关的各种学问,次及于间接相关的各种学问,次及于不很相关的各种学问,以及毫不相关的各种泛览。这样的学者,也有一比,比埃及的金字三角塔。那金字塔(据最近《东方杂志》,第二十二卷第六号,页一四七)高四百八十英尺,底边各边长七百六十四英尺。塔的最高度代表最精深的专门学问;从此点以次递减,代表那旁收博览的各种相关或不相关的学问。塔底的面积代表博大的范围,精深的造诣,博大的同情心。这样的人,对社会是极有用的人才,对自己也能充分享受人生的趣味。宋儒程颢说得好:

> 须是大其心使开阔:譬如为九层之台,须大做脚始得。

博学正所以"大其心使开阔"。我曾把这番意思编成两句粗浅的口号,现在拿出来贡献给诸位朋友,作为读书的目标:

> 为学要如金字塔,要能广大要能高。

(本文为1925年4月22日夜改稿,原载1925年12月《学生杂志》第12卷第12号,收录《胡适文存三集》卷二)

# 读书的方法

文 / 吕思勉

吕思勉（1884—1957），字诚之，江苏武进（今常州）人。中国历史学家，与陈垣、陈寅恪、钱穆并称"史学四大家"。曾任上海光华大学教授、历史办主任。1951年起，任东华师范大学教授。生平从事中国古代史研究，1921年出版《白话本国史》四册，是较早的一部有系统的中国通史，对当时史学界有一定影响。后又著成《中国通史》两册。晚年从事断代史研究，先后出版有《先秦史》《秦汉史》等，生平勤于写读史札记，着重综合研究，讲究融会贯通，有《吕思勉读史札记》。

读书，到底是有益的，还是有害的事？这话是很难说的。"学问在于空间，不在于纸上。"要读书，先得要知道书上所说的，就是社会上的什么事实。如其所说的明明是封建时代的民情，你却把来解释资本主义时代的现象；所说的明明是专制时代的治法，你却把来应付民治主义时代的潮流；那就大错了。从古以来，迂儒误国；甚至被人姗笑（编者注：同"讪笑"）不懂世事；其根

# 第四章
## 读书的经验和方法

源全在于此。所以读书第一要留心书上所说的话，就是社会的何种事实。这是第一要义。这一着一差，满盘都没有是处了。

知道书上的某种话，就是社会上的某种事实，书就可以读了。那么，用何种方法去读呢？

在《书经》的《洪范》篇上，有"沉潜刚克，高明柔克"两句话。这两句话，是被向来讲身心修养的人，看作天性不同的两种人所走的两条路径的。其实讲研究学问的方法，亦不外乎此。这两种方法：前一种是深入乎一事中，范围较窄，而用力却较深的。后一种则范围较广，而用功却较浅。这两种方法：前一种是造就专家，后一种则养成通才。固然，走哪一条路，由于各人性之所近，然其实是不可偏废的。学问之家，或主精研，或主博涉，不过就其所注重者而言，绝不是精研之家，可以蔽聪塞明，于一个窄小的范围以外，一无所知，亦不是博涉之家，一味地贪多务得，而一切不能深入的。

治学的程序，从理论上讲：第一，当先知现在共有几种重要的学问。第二，每一种学问，该知道它现在的情形是如何？最重要的，有哪部书？第三，对于各种重要学问，都得知其崖略（编者注：大略；概略）。第四，自己专门研究的学问，则更须知道得深一些。第五，如此者，用功既深，（A）或则对于某种现象，觉得其足资研究，而昔人尚未研究及之，我们便可扩充研究的范围。（B）又或某种现象，昔人虽已加以分析，然尚嫌其不够细密，我们就可再加分析，划定一更小的范围，以资研究。（C）又或综合前人的所得，更成立一个较大的范围。（D）又或于前人所遗漏的加以补充，错误的加以改正。如此，就能使新学问成立，或旧学问进步了。然则入手之初，具体的方法，又当如何呢？那亦不外乎刚克，柔克，二者并用。

专门研究的书，是要用沉潜刚克的方法的。先择定一种，作为研究的中心，再选择几种，作为参考之用。"一部书的教师，是最不值钱的"。一部书的学者，亦何莫不然。这不关乎书的好坏。再好的，也不能把一切问题，包括无遗的，至少不能同样注重。这因为著者的学识，各有其独到之处，于此有所重，于彼必有所轻。如其各方面皆无所畸轻，则亦各方面皆无所畸重，其书就一无特色了。无特色之书，读之不易有所得。然有特色的书，亦只会注重于一两方面，而读者所要知道，却不是以这一两方面为限的。这是读书所以要用几种书互相参考的理由。这一层亦是最为要紧的。每一种书中，必有若干问题，每一个问题，须有一个答案，这一个答案，就是这一种学问中应该明白的义理。我们必须把它弄清楚，而每一条义理，都不是孤立的，各个问题必定互相关联。把它们联结起来，就又得一种更高的道理，这不但一种学问是如此，把各种学问联结起来，亦是如此，生物学中竞争和互助的作用，物理学生质力不灭的法则，都可以应用到社会科学上。便是一个最浅显的例子，学校的教授，有益于青年，其故安在。那（一）缘其所设立的科目，必系现今较重要的学问；（二）缘其所讲授的，必系一种学问中最重要的部分；（三）而随着学生的进修，又有教师为之辅导，然即无缘入学的青年，苟能留意于学问的门径，并随时向有学问者请益，亦绝不是不可以自修的。

基础的科学，我们该用沉潜刚克的法子，此外随时泛滥，务求其所涉者广，以恢廓我们的境界，发抒我们的意气的，则宜用高明柔克的法子。昔人譬喻如用兵时的略地，一过就算了，不求深入。这种涉猎，能使我们的见解，不局于一隅，而不至为窗塞不通之论。这亦是很要紧的。因为近代的专门学者，往往易犯此病。

两途并进，"俛焉日有孳孳"，（编者注：俛，勤勉；孳孳，孜孜不倦，努力不懈的样子。意思就是，勤勉努力，每天都孜孜不倦，有所进步。）我想必极有趣味。"日计不足，月计有余"，隔一个时期，反省一番，就觉得工夫不是白用的了。程伊川先生说："不学便老而衰。"世界上哪一种人是没有进步的？只有不学的人。

（本文原载 1946 年 6 月 3 日《正言报》读书生活副刊）

# 我的读书经验

文 / 蔡元培

我自十余岁起,就开始读书;读到现在,将满六十年了,中间除大病或其他特别原因外,几乎没有一日不读点书的,然而我也没有什么成就,这是读书不得法的缘故。我把不得法的概略写出来,可以作前车之鉴。

**我的不得法,第一是不能专心**。我初读书的时候,读的都是旧书,不外乎考据、词章两类。我的嗜好,在考据方面,是偏于诂训(编者注:解释古语)及哲理的,对于典章名物,是不大耐烦的;在词章上,是偏于散文的,对于骈文及诗词,是不大热心的。然而以一物不知为耻,种种都读;并且算学书也读,医学书也读,都没有读通。所以我曾经想编一部《说文声系义证》,又想编一本《公羊春秋大义》,都没有成书。所为文辞,不但骈文诗词,没有一首可存的,就是散文也太平凡了。到了四十岁以后,我开始学德文,后来又学法文,我都没有好好儿做那记生字、练文法的苦工,而就是生吞活剥地看书,所以至今不能写一篇合格的文章,做一回短期的演说。在德国进大学听讲以后,哲学史、文学史、文明史、心理学、美学、美术史、民族学，统统去听，那时候这几类的参考书，也就乱读起来了。后来虽勉自收缩，以美学与美术史为主，辅以民族学；然而这类的书终不能割爱，所以想译一本美学，想编一部比较的民族学，也都没有成书。

**我的不得法，第二是不能勤笔。**我的读书，本来抱一种利己主义，就是书里面的短处，也不大去搜寻它，我只注意于我所认为有用的或可爱的材料。这本来不算坏，但是我的坏处，就是我虽读的时候注意于这几点，但往往为速读起见，无暇把这几点摘抄出来，或在书上做一点特别的记号；若是有时候想起来，除了德文书检目特详，尚易检寻外，其他的书，几乎不容易寻到了。我国现在有人编"索引""引得"等等，又专门的辞典，也逐渐增加，寻检较易，但各人有各自的注意点，普通的检目，断不能如自己记别的方便。我尝见胡适之先生有一个时期，出门常常携一两本线装书，在舟车上或其他忙里偷闲时翻阅，见到有用的材料，就折角或以铅笔作记号。我想他回家后或者尚有摘抄的手续。我记得有一部笔记，说王渔洋读书时，遇有新隽的典故或词句，就用纸条抄出，贴在书斋壁上，时时览读，熟了就揭去，换上新得的，所以他记得很多。这虽是文学上的把戏，但科学上何尝不可以仿作呢？我因为从来懒得动笔，所以没有成就。

我的读书的短处，我已经经验了许多的不方便，特地写出来，望读者鉴于我的短处，第一能专心，第二能勤笔。这一定有许多成效。

（本文原载1935年4月10日《文化建设》杂志第1卷第7期）

# 读书

文 / 老舍

老舍（1899 — 1966），原名舒庆春，字舍予，北京人，满族。中国作家。1918年毕业于北京师范学校。1924年赴英国，1930年回国，历任齐鲁大学、山东大学等校教授。1936年发表《骆驼祥子》，为现代文学史杰作之一。1950年创作话剧《龙须沟》，获北京市人民政府授予"人民艺术家"称号。1957年写作《茶馆》，为中华人民共和国成立后杰出话剧作品之一。历任中央人民政府政务院文教委员会委员、中国文联副主任、中国作协副主席、北京市文联主席等职。有《老舍全集》行世。

若是学者才准念书，我就什么也不要说了。大概书不是专为学者预备的；那么，我可要多嘴了。

从我一生下来直到如今，没人盼望我成个学者；我永远喜欢服从多数人的意见。可是我爱念书。

书的种类很多，能和我有交情的可很少。我有决定念什么的全权；自幼儿我就会逃学，楞挨板子也不肯说我爱《三字经》和《百

## 第四章
## 读书的经验和方法

家姓》。对,《三字经》便可以代表一类——这类书,据我看,顶好在判了无期徒刑后去念,反正活着也没多大味儿。这类书可真不少,不知道为什么;也许是犯无期徒刑罪的太多;要不然便是太少——我自己就常想杀些写这类书的人。我可是还没杀过一个,一来是因为——我才明白过来——写这样书的人敢情有好些已经死了,比如写《尚书》的那位李二哥。二来是因为现在还有些人专爱念这类书,我不便得罪人太多了。顶好,我看是不管别人;我不爱念的就不动好了。好在,我爸爸没希望我成个学者。

第二类书也与咱无缘:书上满是公式,没有一个"然而"和"所以"。据说,这类书里藏着打开宇宙秘密的小金钥匙。我倒久想明白点真理,如地是圆的之类;可是这种书别扭,它老瞪着我。书不老老实实地当本书,瞪人干吗呀?我不能受这个气!有一回,一位朋友给我一本《相对论原理》,他说:明白这个就什么都明白了。我下了决心去念这本宝贝书。读了两个"配纸",我遇上了一个公式。我跟它"相对"了两点多钟!往后边一看,公式还多了去啦!我知道和它们"相对"下去,它们也许不在乎,我还活着不呢?

可是我对这类书,老有点敬意。这类书和第一类有些不同,我看得出。第一类书不是没法懂,而是懂了以后使我更糊涂。以我现在的理解力——比上我七岁的时候,我现在满可以做圣人了——我能明白"人之初,性本善"。明白完了,紧跟着就糊涂了;昨儿个晚上,我还挨了小女儿——玫瑰唇的小天使——一个嘴巴。我知道这个小天使性本不善,她才两岁。第二类书根本就看不懂,可是人家的纸上没印着一句废话;懂不懂的,人家不闹

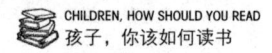

玄虚，它瞪我，或者我是该瞪。我的心这么一软，便把它好好放在书架上；好打好散，别太伤了和气。

这要说到第三类书了。其实这不该算一类；就这么算吧，顺嘴。这类书是这样的：名气挺大，念过的人总不肯说它坏，没念过的人老怪害羞地说将要念。譬如说《元曲》，太炎"先生"的文章，罗马的悲剧，辛克莱的小说，《大公报》——不知是哪儿出版的一本书——都算在这类里，这些书我也都拿起来过，随手便又放下了。这里还就属那本《大公报》有点劲。我不害羞，永远不说将要念。好些书的广告与威风是很大的，我只能承认那些广告作得不错，谁管它威风不威风呢。

"类"还多着呢，不便再说；有上面的三项也就足以证明我怎样的不高明了。该说读的方法。

怎样读书，在这里，是个自决的问题；我说我的，没勉强谁跟我学。第一，我读书没系统。借着什么，买着什么，遇着什么，就读什么。不懂的放下，使我糊涂的放下，没趣味的放下，不客气。我不能叫书管着我。

第二，读得很快，而不记住。书要都叫我记住，还要书干吗？书应该记住自己。对我，最讨厌的发问是："那个典故是哪儿的呢？""那句书是怎么来着？"我永不回答这样的考问，即使我记得。我又不是印刷机器养的，管你这一套！

读得快，因为我有时候跳过几页去。不合我的意，我就练习跳远。书要是不服气的话，来跳我呀！看侦探小说的时候，我先看最后的几页，省事。

第三，读完一本书，没有批评，谁也不告诉。一告诉就糟："嘿，你读《啼笑因缘》？"要大家都不读《啼笑因缘》，人家写它干吗呢？一批评就糟："尊家这点意见？"我不惹气。读完一本书再打通儿架，不上算。我有我的爱与不爱，存在我自己心里。我爱念什么就念，有什么心得我自己知道，这是种享受，虽然显得自私一点。

再说呢，我读书似乎只要求一点灵感。"印象甚佳"便是好书，我没工夫去细细分析它，所以根本便不能批评。"印象甚佳"有时候并不是全书的，而是书中的一段最入我的味；因为这一段使我对这全书有了好感；其实这一段的美或者正足以破坏了全体的美，但是我不去管；有一段叫我喜欢两天的，我就感谢不尽。因此，设若我真去批评，大概是高明不了。

第四，我不读自己的书，不愿谈论自己的书。"儿子是自己的好"，我还不晓得，因为自己还没有过儿子。有个小女儿，女儿能不能代表儿子，就不得而知。"老婆是别人的好"，我也不敢加以拥护，特别是在家里。但是我准知道，书是别人的好。别人的书自然未必都好，可是至少给我一点我不知道的东西。自己的，一提都头疼！自己的书，和自己的运气，好像永远是一对儿累赘。

第五，哼，算了吧。

（本文原载 1934 年 12 月《太白》杂志第 1 卷第 7 期）

# 谈读书

文 / 老舍

我有个很大的毛病：读书不求甚解。

从前看过的书，十之八九都不记得；我每每归过于记忆力不强，其实是因为阅读时马马虎虎，自然随看随忘。这叫我吃了亏——光翻动了书页，而没吸收到应得的营养，好似把好食品用凉水冲下去，没有细细咀嚼。因此，有人问我读过某部好书没有，我虽读过，也不敢点头，怕人家追问下去，无辞以答。这是个毛病，应当矫正！丢脸倒是小事，白费了时光实在可惜！

矫正之法有二：一曰随读随做笔记。这不仅大有助于记忆，而且是自己考试自己，看看到底有何心得。我曾这么办过，确有好处。不管自己的了解正确与否，意见成熟与否，反正写过笔记必得到较深的印象。及至日子长了，读书多了，再翻翻旧笔记看一看，就能发现昔非而今是，看法不同，有了进步。可惜，我没有坚持下去，所以有许多读过的著作都忘得一干二净。既然忘掉，当然说不上什么心得与收获，浪费了时间！

第二个办法是：读了一本文艺作品，或同一作家的几本作品，

## 第四章
## 读书的经验和方法

最好找些有关于这些作品的研究、评论等著述来读。也应读一读这个作家的传记。这实在有好处。这会使我们把文艺作品和文艺理论结合起来,把作品与作家结合起来,引起研究兴趣,尽管我们并不想作专家。有了这点兴趣,用不着说,会使我们对那些作品与那个作家得到更深刻的了解,吸取更多的营养。孤立地读一本作品,我们多半是凭个人的喜恶去评断,自己所喜则捧入云霄,自己所恶则弃如粪土。事实上,这未必正确。及至读了有关这本作品的一些著述,我们就会发现自己的错误。这并不是说我们应该采取人云亦云的态度,不便自作主张。不是的。这是说,我们看了别人的意见,会重新去想一想。这么再想一想便大有好处。至少它会使我们不完全凭感情去判断,减少了偏见。去掉偏见,我们才能够吸取营养,扔掉糟粕——个人感情上所喜爱的那些未必不正是糟粕。

在我年轻的时候,我极喜读英国大小说家狄更斯的作品,爱不释手。我初习写作,也有些效仿他。他的伟大究竟在哪里?我不知道。我只学来些耍字眼儿,故意逗笑等等"窍门",扬扬得意。后来,读了些狄更斯研究之类的著作,我才晓得原来我所摹拟的正是那个大作家的短处。他之所以不朽并不在乎他会故意逗笑——假若他能够控制自己,减少些绕着弯子逗笑儿,他会更伟大!特别使我高兴的是近几年来看到些以马克思主义文艺观点写成的评论。这些评论是以科学的分析方法把狄更斯和别的名家安放在文学史中最合适的地位,既说明他们的所以伟大,也指出他们的局限与缺点。他们仍然是些了不起的巨人,但不再是完美无缺的神像。这使我不再迷信，多么好啊！是的，有关于大作家的著作有很多，我们读不过来，其中某些旧作读了也不见得有好处。读那些新的吧。

真的，假若（还暂以狄更斯为例）我们选读了他的两三本代表作，又去读一本或两本他的传记，又去读几篇近年来发表的对他的评论，我们对于他一定会得到些正确的了解，从而取精去粗地吸收营养。这样，我们的学习便较比深入、细致，逐渐丰富我们的文学修养。这当然需要时间，可是细嚼烂咽总比囫囵吞枣强得多。

此外，我想因地制宜，各处都成立几个人的读书小组，约定时间举行座谈，交换意见，必有好处。我们必须多读书，可是工作又很忙，不易博览群书。假若有读书小组呢，就可以各将所得，告诉别人；或同读一书，各抒己见；或一人读《红楼梦》，另一人读《曹雪芹传》，另一人读《红楼梦研究》，而后座谈，献宝取经。我想这该是个不错的方法，何妨试试呢。

（本文原载1960年12月11日《文艺报》第23期）

# 谈读书

文 / 吴晗

吴晗（1909 — 1969），原名春晗，字辰伯，浙江义乌人。中国历史学家。1934 年清华大学毕业。先后任云南大学、西南联合大学、清华大学教授。1943 年参加中国民主政治团同盟，积极从事民主运动。中华人民共和国成立之后，任清华大学文学院院长、北京市副市长，并当选为中国科学院哲学社会科学部委员。1957 年加入中国共产党。生平从事中国古代史研究，对明史研究尤有成就。著有《朱元璋传》《历史的镜子》《史事与人物》等，并编有京剧《海瑞罢官》。

题目好像很奇怪，只要认识三五千汉字，便可读所有用汉字印刷的书了，书人人会读，何必谈？

然而问题并不如此简单，能读书是一回事，善于读书又是一回事，并不是所有认得若干汉字的人都善于读书，能和善，相差只是一个字，实际距离却不可以道里计，问题就在这里。

经常有些青年人，也有些中年人，其中有学生、教师，也有编辑工作者等等，他们提出问题，怎样做才能读好书，作好学术研究工作？特别是当前各个高等学校学生都在奋发读书的气氛中，这个问题也就显得很突出了。

要具体地谈各个学科，各个年级的学生该读什么书，或者研究什么题目，该读什么书，这是各个教研组和研究导师所应该答复的。这里只能谈一点基本的经验。

**首先是方法问题，**用老话说，有两种不同的方法，一种是寻章摘句式的，读得很细心，钻研每一段，以至每一句，甚至为了一个字，有的经师写了多少万字的研究论文。其缺点是见树木而不见森林，拣了芝麻、绿豆却丢了西瓜，对所读书的主要观点、思想却忽略了。另一种是观其大意，不求甚解式的，这种人读书抓住了书里的主要东西，吸收了并丰富、提高了自己，但是不去作寻章摘句的工作。明朝人曾经对这两种方法作了很好的譬喻，说前一种人拥有一屋子散钱，却缺少一根绳子把钱拴起来。后一种呢，恰好相反，只有一根绳子，缺少拴的钱。用现代的话说，这根绳子就是一条红线。这两种方法都有所偏，正确的方法是把两种统一起来，对个别的关键性的章节、词句要深入钻研，同时也必须领会书的大意，也就是主要的观点、立场，既要有数量极多的钱，也要有一条色彩鲜明的绳子。

在学习理论的时候，还必须联系实际，才能学得深，学得透。

**其次是先后问题，**先读什么，后读什么。是先读基础的书呢，还是先读专业的书呢？例如学习中国历史，是先学好中国通史，还是先学断代史或专门史呢？有不少人在这个问题上走了冤枉路，把先后次序颠倒了，不善于读书。其实道理极简单，要修一所房子，不打好基础，这房子怎么盖呢？你能把高楼大厦建筑在沙滩上吗？以此，要读好书，必须先打好基础，读好了基础书，才能在这基础上作个别问题的钻研，基础要求广，钻研则要求深，广和深也是统一的，只有广了才能深，也只有深了才要求更广。

"读书百遍，其义自见。"这话是有道理的。有的书必须多读，特别是学习古典文，那些范文最好是能够读到可以背诵的程度。除了多读之外，还得多抄，把重点、关键性的词句抄下来，时时翻阅，这样便可以记得牢靠，成为自己的东西了。多读多抄，这个二多是必保证的。

**第三是工具问题**，认识了字并不等于完全了解这个那个名词的具体意义，有些专门术语随着时代的变化而具有不同的意义，并不是每一个人都容易理解的。解决的方法是善于利用工具书，也以学习历史作例，不懂得使用《辞源》、历史人名辞典、历史地名辞典、历史地图、历史年表和历史目录学，在研究历史科学的康庄大道上，也还是寸步难行的。

要多读书，用功读书，但是还得善于读书。

（本文署名为吴南星，原载1961年《前线》杂志第23期，后收入《学习集》）

# 读书与读自然书

文 / 李四光

李四光（1889 — 1971），原名仲揆，蒙古族，湖北黄冈人。中国地质学家。曾留学日本、英国，英国伯明翰大学硕士，挪威奥斯陆大学名誉博士，中国科学院学部委员（院士），苏联科学院外籍院士。创立"蜓科"化石分类系统，创建地质力学学科，提出"安全岛"理论。论著有《地球表面形象变迁之主因》《中国北部之蜓科》《中国地质学》等。

什么是书？书就是好事的人用文字或特别的符号或兼用图画将天然的事物或著者的理想（幻想、妄想、滥想都包在其中）描写出来的一种东西。这个定义如若得当，我们无妨把现在世界上的书籍分作几类：

（甲）原著，内含许多著者独见的事实，或许多新理想新意见，或二者兼而有之。

（乙）集著，其中包罗各专家关于某些问题所搜集的事实，并对于同项问题所发表的意见，精华丛聚，配置有条，著者或参

## 第四章
### 读书的经验和方法

以己见，或不参以己见。

（丙）选著，择录大著作精华，加以锻炼，不遗要点，不失真谛。

（丁）窃著，拾取他人的唾馀，敷衍成篇，或含糊塞责，或断章取义。窃著著者，名曰书盗。假若秦皇再生，我们对于这种窃著书盗，似不必予以援助。各类的书籍既是如此不同，我们读书的人应该注意选择。

什么是自然？这个大千世界中，也可说是四面世界（Four dimensional world）中所有的事物都是自然书中的材料。这些材料最真实，它们的配置最适当。如若世界有美的事，这一大块文章，我们不能不承认它再美没有。可惜我们的机能有限，生命有限，不能把这一本大百科全书一气读完。如是学"科学方法"的问题发生，什么叫作科学的方法？那就是读自然书的方法。

书是死的，自然是活的。读书的工夫大半在记忆与思索（有人读书并不思索，我幼时读四子书就是最好的一个例子）。读自然书种种机能非同时并用不可，而精确的观察尤为重要。读书是我和著者的交涉，读自然书是我和物的直接交涉。所以读书是间接的求学，读自然书乃是直接的求学。读书不过为引人求学的头一段工夫，到了能读自然书方算得真正读书。只知道书不知道自然的人名曰书呆子。

世界是一个整的，各部彼此都有密切的关系，我们硬把它分成若干部，是权宜的办法，是对于自然没有加以公平的处理。大家不注意这种办法是权宜的，是假定的，所以嚷出许多科学上的争论。Ievons 说按期经济的恐慌原于天象，人都笑他，殊不知我们吃一杯茶已经牵动太阳倒没有人引以为怪。

我们笑腐儒读书断章取义，咸引为戒。今日科学家往往把他们的问题缩小到一定的范围，或把天然连贯的事物硬划作几部，以为把那个范围里的事物弄清楚了的时候他们的问题完全解决了，这也未免在自然书中断章取义。这一类科学家的态度，我们不敢赞同。

我觉得我们读书总应竭我们五官的能力（五官以外还有认识的能力与否，我们现在还不知道）去读自然书，把寻常的读书当做读自然书的一个阶段。读自然书时我们不可忘却我们所读的一字一句（即一事一物）的意义，还需视全节全篇的意义为意义，否则成一个自然书呆子。

（本文原载 1921 年 11 月 2 日《北京大学日刊》）

# 阅读什么

文 / 夏丏尊

夏丏尊（1886—1946），原名铸，字勉旃，号闷庵，浙江上虞（今绍兴市上虞区）人。中国作家、出版家。早年留学日本弘文学院。1907年（清光绪三十三年）回国，先后执教于浙江两级师范学堂、湖南第一师范、春晖中学、暨南大学等校。曾任开明书店总编辑、编辑所所长。1930年创办《中学生》杂志。1936年被选为中国文艺家协会主席。1937年创办《月报》杂志，任社长。著有散文集《平屋杂文》等，并译有意大利亚米契斯的《爱的教育》。有《夏丏尊文集》行世。

中学生诸君：我在这回播音所担任的是中学国语科的节目。国语科有好几个方面，我想对诸君讲的是些关于阅读方面的话。预备分两次讲，一次讲"阅读什么"，一次讲"怎样阅读"。今天先讲"阅读什么"。

让我在未讲到正文以前，先发一句荒唐的议论。我以为书这东西是有消灭的一天的。书只是供给知识的一种工具，供给知识其实并不一定要靠书。试想，人类的历史不知已有多少年，书的历史比较起来是很短很短的。太古的时代并没有书，可是人类也竟能生活下来，他们的知识原不及近代人，却也不能说全没有知识。足见书不是知识的唯一的来源，要得知识并不一定要靠书的了。古代的事，我们只好凭想象来说，或者有些不可靠，再看现在的情形吧。今天的讲演是用无线电播送给诸君听的，假定听的有一万个人，如果我讲得好，有益于诸君，那效力就等于一万个人各读了一册"读书法"或"读书指导"等类的书了。我们现在除了无线电话以外还有电影可以利用，历史上的事件，科学上的制造，如果用电影来演出，功效等于读历史书和科学书。假定有这么一天，无线电话和电影发达得很进步普遍，放送的材料有人好好编制，适于各种人的需要，那么书的用处会逐渐消灭，因为这些利器已可代替书了。我们因了想象知道太古时代没有书，将来也可不必有书，书的需要可以说是一种过渡时代的现象。

今天所讲的题目是"阅读什么"，方才这番议论好像有些荒唐，文不对题。其实我的意思只是想借此破除许多读书的错误观念。我也承认书本在今日还是有用的，我们生存在今日，要求知识，最普通、最经济的方法还是读书。可是一向传下来的读书观念，很有许多是错误的。有些人把读书认为是高尚的风雅事情，把书本当作好玩品古董品，好像书这东西是与实际生活无关，读书是实际生活以外的消遣工作。有些人把书认为是唯一的求学的工具，以为所谓求知识就是读书的别名，书本以外没有知识的来路。这两种观念都是错误的，犯前一种错误的以一般人为多，犯

## 第四章
## 读书的经验和方法

后一种错误的大概是青年人，尤其是日日手捏书本的中学生诸君。

我以为书只是求知识的工具之一，我们为了要生活，要使生活的技能充实，就得求知识。所谓知识，绝不是什么装饰品，只是用来应付生活，改进生活的技能。譬如说，我们因为要在自然界中生存，要知道利用自然界理解自然界的情形，才去学习物理、化学和算学等科目；我们因为要在这世界上做人，才去学习世界情形，修习世界史和世界地理等科目；我们因为要做现在的中国人民，才去学习本国历史、地理、公民等科目。学习的方法可有各式各样，有时须用实验的方法，有时须用观察的方法，有时须用演习的方法，并不一定都依靠书。只因为书是文字写成的，文字是最便利的东西，可把世间一切的事情、一切的道理都记载出来，印成了书，随时随地可以翻看，所以书就成了求知识的重要的工具，值得大众来阅读了。

以上是我对于书的估价，下面就要讲到今天的题目"阅读什么"了。

青年人应该读些什么书？这是一个从古以来的大问题，对于这问题从古就有许多人发表过许多议论，近十年来这问题也着实热闹，有好几位先生替青年开过书目单，其中比较有名的是梁启超先生和胡适之先生所开的单子。诸君之中想必有许多人见过这些单子的。我今天不想再替诸君另开单子，只想大略地告诉诸君几个着手的方向。

我想把读书和生活两件事连成一气、打成一片来说，在我的见解，读书并不是风雅的勾当，是改进生活、丰富生活的手段，书籍并不是茶余酒后的消遣品，乃是培养生活上知识技能的工具。一

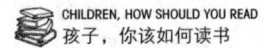

个人该读些什么书，看些什么书，要依了他自己的生活来决定、来选择。我主张把阅读的范围，分成三个，（一）是关于自己的职务的，（二）是参考用的，（三）是关于趣味或修养的。举例子来说，做内科医生的，第一应该阅读的是关于内科的书籍杂志，这是关于自己职务的阅读，属于第一类。次之是和自己的职务无直接关系，可以做研究上的参考，使自己的专门知识更丰富、确切的书，如因疟疾的研究，而注意到蚊子的种类，便去翻某种生物学书；因了疟蚊的分布，便去翻阅某种地理书；因了某种药物的性质，便去查检某种的植物书、矿物书；因了某一词儿的怀疑，便去翻查某种辞典；这是参考的阅读，属于第二类。再次之这位医生除了医生的职务以外，当然还有趣味或修养的生活。在趣味方面，他如果是喜欢下围棋的，不妨看看关于围棋的书，如果是喜欢摄影的，不妨看看关于摄影的书，如果是喜欢文艺的，不妨看看诗歌、小说一类的书。在修养方面，他如果是有志于品性的修炼的，自然会去看名人传记或经典格言等类的书，如果是觉得自己身体非锻炼不可的，自然会去看游泳、运动等类的书。这是趣味或修养方面的阅读，属于第三类。第一类关于职务的书是各人不相同的，银行家所该阅读的书和工程师不同，农业家所该阅读的书和音乐家不同。第二类的参考书，是因了专门业务的研究随时连类牵涉到的，也不能划出一定的种数。至于第三类的关于趣味或修养的书，更该让各个人自由分别选定。总而言之，读书和生活应该有密切的关联。

上面我把阅读的范围分为三个，（一）是关于职务的，（二）是参考的，（三）是关于趣味或修养的。下面我将根据这几个原

# 第四章
## 读书的经验和方法

则对中学生诸君讲"阅读什么"的问题。

先讲关于职务的阅读。诸君的职务是什么呢？诸君是中学生，职务就在学习中学校的各种功课。诸君将来也许会做官吏、做律师、开商店、做教师，各有各的职务吧，现在却都在中学校受着中等教育，把中学校所规定的各种功课，好好学习，就是诸君的职务了。诸君在职务上该阅读的书不是别的，就是学校规定的各种教科书。诸君对于我这番话也许会认为无聊吧，也许有人说，我们每日捧了教科书上课堂、下课堂，本来天天在和教科书做伴侣，何必再要你来嘈杂呢？可是，我说这番话，自信态度是诚恳的。不瞒诸君说，我也曾当过许多年的中学教师，据我所晓得的情形，中学生里面能够好好地阅读教科书的人并不十分多。有些中学生喜欢读小说，随便看杂志，把教科书丢在一边，有些中学生爱读英文或国文，看到理化、算学的书就头痛。这显然是一种偏向的坏现象。一般的中学生虽没有这种偏向的情形，也似乎未能充分地利用教科书。教科书专为学习而编，所记载的只是各种学科的大纲，原并不是什么了不得的著作，但对于学习还是有价值的工具。学习一种功课，应该以教科书为基础，再从各方面加以扩充，加以比较、观察、实验、证明等种种切实的工夫，并非胡乱阅读几遍就可了事。举例来说，国语科的读书，通常是用几篇选文编成的，假定一册国文读本共有三十篇文章，你光是把这三十篇文章读过几遍，还是不够，你应该依据了这些文章做种种进一步的学习，如文法上的习惯咧、修辞上的方式咧、断句和分段的式样咧，诸如此类的事项，你都须依据了这些文章来学习，收得扼要的知识才行。仅仅记牢了文章中所记的几个故事或几种议论，不能算学过国语一科的。

再举一个例来说，算学教科书里有许多习题，你得一个一个地演习，这些习题，一方面是定理或原则的实际上的应用，一方面是使你对于已经学过的定理或原则更加明了的。例如四则问题有种种花样，龟鹤算咧、时计算咧、父子年岁算咧，你如果只演习了一个个的习题，而不能发现这些习题中的共通的关系或法则，也不好称为已学会了四则。依照这条件来说，阅读教科书并非简单的工作了。中学科目有十几门，每门的教科书先该平均地好好阅读，因为学习这些科目是诸君现在的职务。

次之讲到参考书。如果诸君之中有人问我，关于某一科应看些什么参考书？我老实无法回答。我以为参考书的需要因特种的题目而发生，是临时的，不能预先决定。干脆地说，对于第一种职务的书籍阅读得马马虎虎的人，根本没有阅读参考书的必要。要参考，先得有题目，如果心里并无想查究的题目，随便拿一本书来东翻西翻，是毫无意味的傻事，等于在不想查生字的时候去胡乱翻字典。就国语科举例来说，诸君在国语教科书里读到一篇陶潜的《桃花源记》，如果有不曾明白的词儿，得翻辞典，这时辞典（假定是《辞源》）就成了参考书。这篇文章是晋朝人做的，如果诸君觉得和别时代人所写的情味有些两样，要想知道晋代文的情形，就会去翻中国文学史（假定是谢无量编的《中国文学史》），这时文学史就成了诸君的参考书。这篇文章里所写的是一种乌托邦思想，诸君平日因了师友的指教，知道英国有一位名叫马列斯的社会思想家写过一本《理想乡消息》和陶潜所写的性质相近，拿来比较，这时，《理想乡消息》就成了诸君的参考书。这篇文章是属于记叙一类的，诸君如果想明白记叙文的格式，去翻看《记叙文作法》（假定是孙俍工编的），这时《记叙文作法》就成了诸君的参考书。还有，这篇文章的作者叫陶潜，诸君如果想知道他的为人，去翻《晋书·陶潜传》或《陶集》，这时《晋书》或《陶集》就成了诸君的参考书。这许多参考书是因为有了题目才发生的，没有题目，参考无从做起，学校图书室虽藏着许多的书，诸君自己虽买有许多的书，也毫无用处。国语科如此，别的科目也一样。诸君上历史课听教师讲英国的工业革命一课，如果对于这件历史上的事迹发生了兴趣或问题，就自然会请问教师得到许多的参考书，图书馆里藏着的《英国史》，各种经济书类，以及近来杂志上所发表过的和这事有关系的单篇文字，都成了诸君的参考书了。所以，我以为参考书不能预先开单子，只能照了所想参考的题目临时来决定。在到图书馆去寻参考书以前，我们应该先问自己，我所想参考的题目是什么？有了题目，不知道找什么书好，这是可以问教师、问朋友、查书目的，最怕的是连题目都没有。

上面所讲的是关于参考书的话。再其次要讲第三种关于趣味修养的书了。这类的书可以说是和学校功课无关的，不妨全然照了自己的嗜好和需要来选择。一个人的趣味是会变更的，一时喜欢绘画的人，也许不久会喜欢音乐，喜欢文学的人，也许后来会喜欢宗教。至于修养，方面更广，变动的情形更多。在某时候觉得自己身心上的缺点在甲方面，该补充矫正。过了些时，也许会觉得自己身心上的缺点在乙方面，该补充矫正了。这种自然的变更，原不该勉强拘束，最好在某一时期，勿把目标更动。这一星期读陶诗，下一星期读西洋绘画史，趣味就无法涵养了。这一星期读曾国藩家书，下一星期读程、朱语录，修养就难得效果了。所以，我以为这类的书，在同一时期中，种数不必多，选择却要精。选定一二种，须定了时期来好好地读。假定这学期定好了某一种趣味上的书，某一种修养上的书，不妨只管读去，正课以外，有闲暇就读，星期日读，每日功课完毕后读，旅行的时候在车上、船上读，逛公园的时候坐在草地上读。如果读到学期完了，还不厌倦，下学期依旧再读，读到厌倦了为止。诸君听了我这番话，也许会骇异吧。我自问不敢欺骗诸君，诸君读这类书，目的不在会考通过，也不在毕业迟早，完全为了自己受用，一种书读一年，读半年，全是诸位的自由，但求有益于自己就是，用不着计较时间的长短。把自己欢喜读的书永久地读，是有意义的。赵普读《论语》，是有名的历史故事。日本有一位文学家名叫坪内逍遥的，新近才死，他活了近八十岁，却读了五十多年的莎士比亚剧本。

我的话已完了。现在来一个结束。我以为：书是供给知识的一种工具，读书是改进生活、丰富生活的手段，该读些什么书要依了生活来决定选择。首先该阅读的是关于职务的书，第二是参考书，第三是关于趣味或修养的书。中学生先该把教科书好好地阅读，因为中学生的职务就在学习中学校课程。参考书可因了所要参考的题目去决定，最要紧的是发现题目。至于趣味修养的书可自由选择，种数不必多，选择要精，读到厌倦了才更换。

（本文是向全国中学生做的广播稿，原载1936年1月《中学生》第61期）

# 怎样阅读

文 / 夏丏尊

前天我曾对中学生诸君讲过一次话,题目是《阅读什么》。今天所讲的,可以说是前回的连续题目,是《怎样阅读》。前回讲"阅读什么",是阅读的种类;今天讲"怎样阅读",是阅读的方法。

"怎样阅读"和"阅读什么"一样,也是一个老问题,从来已有许多人对于这问题说过种种的话。我今天所讲的也并无前人所没有发表过的新意见、新方法,今天的话是对中学生诸君讲的,我只希望我的话能适合于中学生诸君就是了。

我在前回讲"阅读什么"的时候,曾经把阅读的范围划成三个方面:第一是关于职务的书,第二是参考的书,第三是趣味修养的书。中学生的职务在学习,中学校的课程,中学校的各科教科书属于第一类;学习功课的时候须有别的书籍做参考,这些参考书属于第二类;在课外选择些合乎自己个人趣味或有关修养的书来阅读,这是第三类。今天讲"怎样阅读",也仍想依据这三个方面来说。

先讲第一类关于诸君职务的书，就是教科书。摆在诸君案头的教科书有两种性质可分，一种是有严密的系统的，一种是没有严密的系统的。如算学、理化、地理、历史、植物、动物等科的书，都有一定的章节、一定的前后次序，这是有系统的。如国文读本，如英文读本，就定不出严密的系统，一篇韩愈的《原道》可以收在初中国文第一册，也可以收在高中国文第二册；一篇佛兰克林（编者注：今译为富兰克林）的传记，可以摆在初中英文第三册，也可以摆在高中英文第二册。诸君如果是对于自己所用着的教科书留心的，想来早已知道这情形。这情形并不是偶然的，可以说和学科的性质有关。有严密的系统的是属于一般的所谓科学，像国文、英文之类是专以语言文字为对象的，除文法、修辞教科书外，一般所谓读本、教本，都是用来做模范、做练习的工具的东西，所以本身就没有严密的系统了。教科书既然有这两种分别，阅读的方法就也应该有不同的地方。

如果把阅读分开来说，一般科学的教科书应该偏重于阅，语言文字的教科书应该偏重在读。一般科学的教科书虽也用了文字写着，但我们学习的目标并不在文字上，譬如说，我们学地理、学化学，所当注意的是地理、化学书上所记着的事项本身，这些事项除图表外原用文字记着，但我们不必专从文字上记忆揣摩，只要从文字去求得内容就够了。至于语言文字的学科就不同，我们在国文教科书里读到一篇文章——假定是韩愈的《画记》，这时我们不但该知道韩愈这个人，理解这篇《画记》的内容，还该有别的目标，如文章的结构、词句的式样、描写表现的方法等等，

## 第四章
### 读书的经验和方法

都得加以研究。如果读韩愈的《画记》，只知道当时曾有过这样的画，韩愈曾写过这样的一篇文章，那就等于不曾把这篇文章当作国文功课学习过。我们又在英文教科书里读华盛顿砍樱桃树的故事，目的并不在想知道华盛顿为什么砍樱桃树，砍了樱桃树后来怎样，乃是要把这故事当作学习英文的材料，收得英文上种种的法则。所以"阅读"两个字不妨分开来用，一般科学的教科书应懂它的内容，不必从文字上去瞎费力，只要好好地阅就行，像国文、英文两门是语言文字的功课，应在形式上多用力，只阅不够，该好好地读。

不论是阅还是读，对于教科书该毫不放松，因为这是正式功课，是诸君职务上的工作。有疑难，得去翻字典；有问题，得去查书。这就是所谓参考了。参考书是为用功的人预备的，因为要参考先得有参考的项目或问题，这些项目或问题，要阅读认真的人才会从各方面发现。这理由我在前回已经讲过，诸君听过的想尚还能记忆，不多说了。现在让我来说些阅读参考书的时候该注意的事情。

第一，我劝诸君暂时认定参考的范围，不要把自己所要参考的项目或问题抛荒。我们查字典，大概把所要查的字或典故查出了就满足，不会再分心在字典上的。可是如果是字典以外的参考书，一不小心，往往有辗转跑远的事情。举例来说，你读《桃花源记》，为了"乌托邦思想"的一个项目，去把马列斯的《理想乡消息》来做参考书读，是对的，但你得暂时记住，你所要参考的是"乌托邦思想"，不是别的项目。你不要因读了马列斯的这部《理想乡消息》就把心分到很远的地方去。马列斯是主张美术的，是社会思想家，你如果不留意，也许会把所读的《桃花源记》忘掉，在社会思想咧、美术咧等等的念头上打圈子，从甲方面转到乙方面，再从乙方面转到丙方面，结果会弄得头脑杂乱无章。我们和朋友谈话的时候，常有把话头远远地扯开去，忘记方才所谈的是什么的。这和因为看参考书把本来的题目抛荒，情形很相像。懂得谈话方法的人，碰到这种情形常会提醒对手把话说回来，回到所要谈的事情上去。看参考书的时候，也该有同样的注意，和自己所想参考的题目无直接关系的方面，不该去多分心。

第二，是劝诸君乘参考之便，留意一般书籍的性质和内容大略。除了查检字典和翻阅杂志上的单篇文字以外，所谓参考书者，普通都是一部一部的独立的书籍。一部书有一部书的性质、内容和组织式样，你为了参考，既有机会去见到某一部书，乘便把这一部书的情形知道一些，是并不费事的。诸君在中学里有种种规定要做的工作，课外读书的时间很少，有些书在常识上、将来应用上却非知道不可，例如，我们在中学校里不读"二十五史""十三经"，但"二十五史""十三经"是怎样的东西，却是该知道的常识。我们不做基督教徒，不必读圣书，但《新约》和《旧约》的大略内容，却是该知道的常识。如果你读历史课，对于"汉武帝扩展疆土"的题目，想知道得详细一点，去翻《史记》或是《汉书》，这时候你大概会先翻目录吧；你翻目录，一定会见到"本纪""列传""表""志"或"书"等等的名目，这就是《史记》或《汉书》的组织构造。你读了里面的《汉武帝本纪》一篇,或全篇里的几段,再把这些目录看过,在你就算是对于《史记》或《汉书》发生过关系,《史记》《汉书》是怎样的书,你可懂得大概了。再举一个例来说,你从植物学或动物学教师口里听到"进化论"的话,你如果想对这题目多知道些详细情形,你可到图书馆去找书来看。假定你找到了一本陈兼善著的《进化论纲要》,你可先阅序文,看这部书是讲什么方面的,再查目录,看里面有些什么项目。你目前所参考的也许只是其中一节或一章,但这全书的概括知识,于你是很有用处的。你能随时留心,一年之中,可以收得许多书籍的概括的大略知识,久而久之,你就知道哪些书里有些什么东西,要查哪些事项,该去找什么书,翻检起来,非常便利。

以上所说的是关于参考书的话。参考书因参考的题目随时决定,阅读参考书的时候,要顾到自己所参考的题目,勿使题目抛荒,还要把那部书的序文、目录留心一下,记个大略情形,预备将来的翻检便利。

以下应该讲的是趣味修养的书,这类的书,我在上回曾经讲过,种数不必多,选择要精。一种书可以只管读,读到厌倦才止。这类的书,也该尽量地利用参考书。例如:你现在正读着杜甫的诗集,那么有时候你得翻翻杜甫的传记、年谱以及别人诗话中对于杜诗的评语等等的书。你如果正读着王阳明的《传习录》,你得翻翻王阳明的集子、他的传记以及后人关于程、朱、陆、王的论争的著作。把自己正在读着的书做中心,再用别的书来做帮助,这样,才能使你读着的书更明白,更切实有味,不至于犯浅陋的毛病。

上面所讲的是三种书的阅读方法。关于"阅读"两个字的本身，尚有几点想说说。我方才曾把教科书分为两种性质：一种是属于一般的科学的，有严密的系统；一种是属于语言文字的，没有严密的系统。我又曾说过，属于一般科学的该偏重在阅，属于语言文字的，只阅不够，该偏重在读。现在让我再进一步来说，凡是书都是用语言文字写成的，照普通的情形看来，一部书可以含有两种性质：书本身有着内容，内容上自有系统可寻，性质属于一般科学；书是用语言文字写着的，从形式上去推究，就属于语言文字了。一部《史记》，从其内容说是历史，但是也可以选出一篇来当作国文科教材。诸君所用的算学教科书，当然是属于科学一类的，但就语言文字看，也未始不可为写作上的参考模范。算学书里的文章，朴实正确，秩序非常完整，实是学术文的好模样。这样看来，任何书籍都可有两种说法，如果就内容说，只阅可以了，如果当作语言文字来看，那么非读不可。

这次播音，教育部托我担任的是中学国语科的讲话，我把我的讲话限在阅读方面。我所讲的只是一般的阅读情形，并未曾专就国语一科讲话。诸君听了也许会说我的讲话不合教育部所定的范围条件吧。我得声明，我不承认有许多独立存在的所谓国语科的书籍，书籍之中除了极少数的文法、修辞等类以外，都可以是不属于国语科的。我们能说《论语》《孟子》《庄子》《左传》是国语吗？能说《红楼梦》《水浒传》《三国演义》也是国语吗？可是如果从形式上着眼，当作语言文字来研究，那就没有一种不是国语科的材料,不但《论语》《孟子》《庄子》《左传》是国语,《红楼梦》《水浒传》《三国演义》是国语,诸君的物理教科书、植物教科书也是国语,甚至于张三的卖田契、李四的家信也是国语了。我以为所谓国语科,就是学习语言文字的一种功课;把本来用语言文字写着的东西,当作语言文字来研究,来学习,就是国语科的任务。所以我只讲一般的阅读,不把国语科特别提出。这层要请诸位注意。

把任何的书,从语言文字上着眼去学习研究,这种阅读,可以说是属于国语科的工作。阅读通常可分为两种,一是略读,一是精读。略读的目的在理解,在收得内容;精读的目的在揣摩,在鉴赏。我以为要研究语言文字的法则,该注重于精读。分量不必多,要精细地读,好比临帖,我们临某种帖,目的在笔意相合,写字得它的神气,并不在乎抄录它的文字。假定这部帖里共有一千个字,我们与其每日瞎抄一遍,全体写一千个字,倒不如拣选十个或二十个有变化的有趣味的字,每字好好地临几遍,来得有效。诸君读小说,假定是茅盾的《子夜》,如果当作语言文字的学习的话,所当注意的不但该是书里的故事,对于书里面的人物描写、叙事的方法、结构照应以及用辞、造句等等也该大加注意。诸君读诗歌,假定是徐志摩的诗集,如果当语言文字学习的话,不但该注意诗里的大意,还该留心它的造句、用韵、音节以及表现、着想、对仗、风格等等的方面。语言文字上的变化技巧,其实并不十分多的,只要能留心,在小部分里也大概可以看得出来。假定一部书有五百页,每一页有一千个字,如果第一页你能看得懂，那么我敢保证，你是能把全书看懂的。因为全书所有的语言文字上的法则在第一页一千字里面大概都已出现。举例来说，文法上的法则，像动词的用法、接续词的用法、形容词的用法、助词的用法，以及几种句子的结合法，都已出现在第一页了。我劝诸君能在精读上多用力。

为了时间关系，我的话就将结束。我所讲的话，乱杂、疏漏的地方自己觉得很多，请诸君代去求教师替我修正。关于中学国语科的阅读，我几年前曾发表过好些意见，所说的话和这回大有些不同。记得有两篇文章，一篇叫作《关于国文的学习》，载在《中学各科学习法》（《开明青年丛书》之一）里，还有一篇叫《国文科课外应读些什么》，载在《读书的艺术》（《中学生杂志丛刊》之一）里，诸君如未曾看到过的，请自己去看看，或者对于我这回的讲话，可以得到一些补充。我这无聊的讲话，费了诸君许多课外的时间，对不起得很。

（本文是向全国中学生做的广播稿，原载1936年1月《中学生》第61期）

# 我的读书的经验

文 / 章衣萍

章衣萍（1902—1946），原名章鸿熙，安徽绩溪人。中国作家、翻译家。14岁入师范学校读书，后入北京大学旁听。曾投稿《语丝》。1928年到暨南大学任教。抗战爆发后到成都开设书店。1946年3月病逝。著有《深誓》《古庙集》《青年集》《烦恼的春天》《衣萍书信》等。

《读书月刊》编辑顾仞千先生要我写一篇文章，题目是："我的读书的经验"。这个题目是很有意义的，虽然我不会做文章，也不能不勉强把我个人的一点愚见写出来。

我幼时的最初的第一个教我读书的先生是我的祖父。我的祖父是一个前清的贡生，八股文、古文都做得很好。他壮年曾在乡间教书，后来改经商了，在休宁办了一个小学，他做校长。我的祖父是一个很庄重的人，他不苟言笑。乡间妇女看见都怕他，替他取了一个绰号，叫作："钟馗"。我幼时很怕我的祖父。他教我识字读书，第一件要紧的事是读得熟。我起初念《三字经》，后来念《幼学琼林》，再后来念《孝经》《论语》《孟子》《大学》《中庸》等书。这些书小孩子念来，自然是没有趣味，虽然我的祖父也替我讲解。我的祖父每次替我讲一篇书，或二三页，或四五页，总叫我一气先念五十遍。我幼时记性很好。有时每篇书念五十遍就能背诵了。但我的祖父以为就是能背诵了也不够，一定要再念五十遍或一百遍。往往一篇书每日念到四百遍的。有一次我竟念得大哭起来。现在想来，我的祖父的笨法虽然可笑，但我幼时所读的书到如今还有很多能背诵的。可见笨法也有好用处。

我的第二个教我读书的先生是我的父亲。我的父亲是一个商人，读书当然不多。但他有一个很好的信仰，是"开卷有益"。他因为相信宋太宗这句老话，所以对于我幼时看书并不禁止。我进高等小学已经九岁，那时已经读过许多古书，对于那些浮浅的国文教科书颇不满意。那时我寄宿在休宁潜阜店里，傍晚回店，便在店里找着小说来看：起初看的是《三国演义》，《三国演义》总看了至少十次，因为店里的伙计们没事时便要我讲三国故事，所以我不能不下苦功去研究。后来接着看《水浒传》《西游记》《封神传》《说唐》《说岳》《施公案》《彭公案》等书，凡在潜阜找得到、借得到的小说我都看。往往晚上点起蜡烛来看，后来竟把眼睛看坏了。

我的祖父教我读书要读得熟，我的父亲教我读书要读得多。我受了我祖父的影响，所以就是看小说也看到极熟，例如《三国演义》中的孔明祭周瑜的祭文（《三国演义》第五十七回），孔

## 第四章
## 读书的经验和方法

明的《出师表》(《三国演义》第九十一回)以及曹操在长江中做的诗(《三国演义》第四十八回),貂蝉在凤仪亭对吕布说的话(《三国演义》第八回),我都记得很熟。所以有一次高小里先生出了一个题目是《致友书》,我便把"度日如年"(貂蝉对吕布说的)的话用上了。这样不求甚解地熟读书,自然不免有时闹出笑话,因为看小说时只靠着自己的幼稚的理解力,有些不懂的地方也囫囵过去了。这是很危险的,读书读得熟是要紧的,但还有要紧的事是要读得懂。

我受了我的父亲的影响,相信"开卷有益",所以后来在师范学校的两年,对于功课不十分注意,课外的杂志新书却看得很多。那时徽州师范学校的校长是胡子承先生,他禁止学生做白话文、看《新青年》,但他愈禁止,我愈要看。我记得那时《新青年》上发表的胡适之、周作人、刘半农、沈尹默一些人的白话诗,我都背得很熟。我受《新青年》的影响,所以做白话文、白话诗,简直入迷,后来竟因此被学校开除。我现在所以有一些文学趣味全是我的多看书的影响,但我这些影响也有不好的地方,就是我个人看书到现在还是没有条理,多读书免不了乱读,乱读同乱吃东西一样,是有害的。

我十七岁到南京读书,在南京读了一年书后,胡适之先生到南京讲学,我去看他。我问他读书应该怎样读法?他说"应该克期"。克期是一本书拿到手里,定若干期限读完,就该准期读完。胡先生的话是很对的。我后来看书,也有时照着胡先生的话去做,只可惜生活问题压迫我,我在南京、北京读书全是半工半读,有

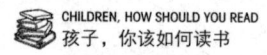

时一本书拿到手里,想克期读完,竟不可能,在我,这是很痛苦的。现在,生活问题还没有解决,而苦痛的病魔又缠绕着我了。几时我才能真正"克期"去读书呢?

根据我的一点小小经验,给青年人——有志读书的青年人,进几条忠告:

第一,我以为读书应该多读,应该熟读,应该克期地读。

第二,我以为读书不懂便应该问朋友、亲戚、你所敬爱的先生,或是字典、参考书。读书应该每字每句都读懂,"不求甚解"是不对的。

第三,我以为今日中国有志读书的人应该学通英文或日文,以作研究外国学问的工具,单读中国书是不够的,我们应该多读外国书。

我的话虽然简单而且浅薄呵,希望对于有志读书的中国青年,有一点小小的用处!

(本文为1931年3月20日改稿,原载1931年4月10日《读书月刊》第2卷第1期,后收入《青年集》。略有改动)

# 略谈读书方法

文 / 邹韬奋

邹韬奋（1895—1944），名恩润，笔名韬奋，祖籍江西余江（今鹰潭市余江区），生于福建永安。中国新闻记者、政论家、出版家。1921年毕业于上海圣约翰大学。自1926年在上海主编《生活周刊》起，毕生从事新闻出版工作。1932年创办生活书店，随后创办《生活日报》《生活星期刊》。先后主编《大众生活》《抗战》《全民抗战》等刊物。有《韬奋全集》《韬奋文集》等。

一

自从苏联一个又一个的五年经济计划实行奏效之后，经济学家都喜谈"计划经济"，其实不但经济应有计划，就是读书也应该首先有一个计划。有些人读书没有一定的目的，今天随便拿一本看看，过几天又随便拿一本看看，这样读书，虽不能说他在知识上不是没有一些进步（这当然是指内容正确的书），但是"无政府状态"的读书，收效究竟是很少的。所以我们读书应该首先有一个计划。

读书要有一个计划，必先决定自己所要研究的科目或中心问题。在学校里读书，学校里有着一定的课程，这课程便是学校替学生规定好的读书计划，你决定要读哪一科，便须依照哪一科的课程读去。这种读书计划比较的呆板，不能随着个人的选择而随便更动的。但在外国大学院的研究，便比较有伸缩性，要由选定了科目或中心问题的学生，和他们研究的科目或中心问题有关的教授，共同商定读书的计划。在这个计划里，依所商定的时间（一年或两年），根据所欲研究的中心问题，把必须读的书和必须参考的书列举出来，在列举之中把各书的先后和研究的门径与方法都有系统地规定好。整个计划规定之后，学生便依据这个计划，在这位教授经常指导之下，研究下去。这种教授大概都是与某科或某中心问题有关系的专家乃至权威，他对于这一科或这一中心问题，当然彻底知道研究的方法和阅读的门径，对于学者是很有帮助的。学者在这样有计划的指导下，如真能切实研究下去，到了相当的时期，他对于这一科或这一中心问题的学问，可以得到完备的基础，如有志再深造，可作进一步的计划，根据第一个计划作进一步的研究。

我在英伦求学的时候，看到有好些中国的朋友不愿意读学位，认为学位头衔是没有什么意思的，但是遇着他们自己没有一定的读书计划时，我还是劝他们选读一个学位，因为要是选读一个学位，必须经过上面所说的手续，即必须选定一个中心问题，和一个有关系的教授共同商定一个读书计划，多少可以得到有系统的益处，比之没有计划的胡乱阅读有益得多。

## 第四章
读书的经验和方法

以上所谈的虽然是偏于叙述外国大学院里的研究情形,但记者的意思当然不是说读书的人非到外国大学院里去不可,只是要介绍这种有计划的读书的原则,以备有志读书者的参考。

我特别声明,这种有计划读书的原则,在校外自修的人也可以采用的。

此外再举一个例子谈谈。在伦敦的英国博物馆的图书室里,对于每一专学的部门都有很明白的重要著作书目,可供读者随意查阅,非常便利。西文书籍还有一个优点,就是在一书后面,常有很有系统的参考书的介绍,尤其详细的是在书末对于书内每一章的课题都有书目的介绍,这书目的介绍不仅是随便摭举几本为著者所看到的,却是就每一章的课题范围,举出关于研究这个课题所必须看的重要参考书,而且把这些参考书依着程度深浅而排列着。这样的参考书介绍,于读者有极大的帮助,由于名著者或权威所指示的这种参考书介绍,差不多就可以等于该部门专学的读书计划。读者依着这个介绍,在图书馆里简直好像是在掘金矿似的,越"掘"越有趣味。这种办法虽不是在学校里有名师共同商定之读书计划,因为是由于自己努力"掘"出来的,可是有名作家对于某种专学的参考书作有系统的介绍,在原则上也就等于有人领导,至少是读者自己有方法找到名作者的领导。我深深地感到图书馆里的良好的书目分类及著者在书末的有系统的参考书介绍,是帮助我们造成读书计划的最好的工具。在中国,图书馆的设备实在太少而又太贫乏,关于专学的著作,对于参考书作有系统的介绍也不多见,这是使读书的人受到很大的妨碍或不便。

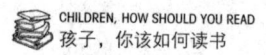

我们在这两方面都应该特别努力。

这当然也不是说在现状下我们就绝对不可能有读书计划。我们还是可以尽可能地替自己定下一个读书计划。首先我们要决定哪一部门的学问，或哪一个中心问题，然后根据这个对象，就现在可能得到的书，由浅而深，分成几个研究的阶段，按着规定的时间，有计划地读下去，即不能有三年五年的计划，至少应有一年半载的计划。在这一年半载中，随时随地注意关于这一部门或中心问题的材料。除必要的有关的书籍外，如有充分的时间，其他方面的书报也尽可以看，但却以能够包围着这个中心问题为前提，而不是心目中毫无对象地乱看。这样有计划地读书，才有较大的收获。

二

对于任何部门的学问，如有意深造，最好能学得阅读一种外国文的能力。只能阅读本国文的人，关于外国的名著，当然也有译本可看，但是在我国译述的缓慢，以及正确译本的不易多得，阅读外国文的能力仍然是很重要的。就是在欧美各国，有志研究较深学问的人，对于一种或两种外国文的阅读能力也是很注重的。例如英国的专科学生，大学教授，大都能够阅读法文或德文的书籍，苏联是大众对于学习最热烈的国家，你在他们的青年学生里面，在他们的学者里面，乃至男女工人里面，随时随地可以发现他们有的能读德文，有的能读法文，有的能读英文。这是因为学术是没有国界的，学习欲愈高，外国文的阅读能力愈有迫切

# 第四章
## 读书的经验和方法

的需要。

　　能读一种外国文的人，读原文的社会科学的书，比读译文舒服得多迅速得多，也就是可以使读书的效率增加得多。正确的译本不易得，尤其是较深的书，常常易被译者译得"走样"，所以我甚至于感觉到仅能看译本的人看得很多之后，把许多"走样"的知识装满了一脑袋，在思想上也许不免要含有多少危机！所以我要奉劝真有志读书的青年朋友，最好能够学习阅读一种外国文的能力。这并不是一件很难的事情，学习读外国文，只需读得得法，一两年至两三年的努力是可以达到目的的。在我所认识的朋友，就有不少是自修（开始当然需要人教，但不一定要入学校）外国文而能够阅读外国文书报的。为着自己在学识上的深造起见，这种能力实在值得我们来培养。

　　（本文署名为韬奋，原载1939年2月1日重庆《读书月报》第1卷第1期。略有改动）

# "半部论语"

文 / 邓拓

读书不必求多，而要求精。这是历来读书人的共同经验。为了突出地表明读书要少而精的道理，我想最好把宋代赵普的"半部《论语》治天下"的例子拿来作证。

大家知道，在宋代赵匡胤、赵光义兄弟利用兵变，取得天下，建立了宋代封建政权的时候，第一个著名的宰相便是赵普。据《宋史》卷二百五十六《赵普传》载：

普少习吏事，寡学术。及为相，太祖常劝以读书。晚年手不释卷，每归私第，阖门启箧，取书读之竟日；及次日，临政处决如流。既薨，家人发箧视之，则论语二十篇也。

本来赵普读书很少，平素又不喜欢说话，所以人们总以为他没有读书。宋太祖赵匡胤常常劝告他，甚至于很严厉地批评过他。据说有一天，宋太祖"登明德门，指其榜问赵普曰：明德之门，安用之字？普曰：语助。帝曰：之乎者也，助得甚事！普无言。"

## 第四章
### 读书的经验和方法

类似这样的故事，在宋人的笔记中还能找到一些。可见赵普的文化水平确实不高，连拟定一个门楼的榜额都不会，啰里啰唆地叫作什么"明德之门"。宋太祖看了很不高兴，所以责问他为什么要加个之字。

但是，深入一步看去，赵普实际上早已知道读书的重要，而且暗地里很努力学习。特别是对于《论语》这一部书，赵普读得烂熟。所以后来在宋太宗赵光义的面前，赵普就敢于说："臣有论语一部，以半部佐太祖定天下，以半部佐陛下致太平。"在这里，他说的分明是一部《论语》，想不到人们却把他的话断章取义，变成了"半部论语"，并且历代相传，居然成了典故。

我们现在不管他说的是一部《论语》也好，是半部《论语》也好，都应该由此体会到少而精的读书方法。虽然，在赵普和其他古人的心目中，《论语》是他们"修身、齐家、治国、平天下"的唯一法宝，他们只要熟读这一部书就足以应付一切了。这一点，我们与他们根本不同。如果我们现在也还是死抱住《论语》这一部书，读得烂熟，尽管也有用处，却仍然无补于实际，这是可以断言的。但是，我们却无妨按照我们的需要，从马克思列宁主义的经典著作中，选定任何一部书，读得烂熟，正确地掌握和运用其中的原理原则，来解决我们所面临的许多实际问题。

比如说，对于马克思和恩格斯合作的《共产党宣言》这一部书，我们假使能够读得烂熟，那么，我们就绝不至于对马克思主义的根本问题，发生认识上的错误。又比如说，对于马克思的《资本论》，我们假使能够熟读其中的一卷或半卷，那么，在我国现阶段的社会主义建设中，这就有很大的作用。同样，对于毛主席的《关于正确处理人民内部矛盾的问题》这个报告，我们假使反复地加以研究，用来解决当前的许多重大问题，显然是有极大作用的。

无论读的是哪一部经典著作，只要真的读得烂熟了，能够深刻地全面地掌握其精神、实质，在这个基础上，再看有关的其他参考书，就一定会做到多多益善，开卷有益。所谓精与博的关系，在这里也就自然而然地会得到合理的解决。当然，精读的书多一些更好，参考书更是看得越多越好，这些都是无止境的，决不要以一部书为满足。我之所以引用"半部论语"的典故，无非是要提醒大家特别注意这个问题罢了。

至于在读书的时候，尤其对于必须精读的书籍，态度务须认真，精神务须集中，遇到不了解的或者不完全了解的地方，总要查问清楚，不应该一知半解自以为是。如果自己选定了一部经典著作，自己又懒得读，想找便宜，假借集体学习等名义，只听别人朗诵或讲解，以代替个人专心的阅读，结果一定学不到什么东西。

唐代一个节度使韩简读《论语》的故事，应该引起我们的警惕。唐代高怿的《群居解颐》（编者注：高怿，北宋隐士）和五代孙光宪的《北梦琐言》都记载了这个故事。据说：

节度使韩简，性粗质。每对文士，不晓其说，心常耻之。乃召一孝廉，令讲论语。及讲至为政篇，明日谓诸从事曰：仆近知

# 第四章
## 读书的经验和方法

古人淳朴，年至三十方能行立。外有闻者，无不绝倒。

不要以为只有韩简才把"三十而立"，错误地理解为"年至三十方能行立"。谁要是自己不专心读书，而一知半解自以为是，那就难免要做韩简第二、第三或者等而下之了。

（本文署名为马南邨，原载1962年5月20日《北京晚报》的《燕山夜话》专栏，后收入杂文集《燕山夜话》第4集）

# 杨大眼的耳读法

文/邓拓

读书能用耳朵来代替眼睛吗？一般说来，这是不可能的；但是在特殊的情况下，这不只是可能的，而且是必需的。

谁发明用耳朵读书的方法呢？要详细做考证就很麻烦。在这里，我想举出杨大眼，把他作为用耳朵读书的人们的代表。

杨大眼是中国古代的一位将军，生当公元5世纪末和6世纪初。那时候正是南北朝时期，这个北魏的骁将屡战屡捷，威名大震。《魏书》卷七十三及《北史》卷三十七都为他立传。据《北史》载称："大眼虽不学，恒遣人读书而坐听之，悉皆记识。令作露布，皆口授之，而竟不多识字也。"看来这个人的本领真不小。自己认不得多少字，论文化程度还不曾脱离文盲状态，却能听懂别人读的书，又能口授一通布告的文字，这不是很奇怪吗？

其实这并不太困难。如果所读的书是自己比较熟悉的内容，例如在军队中常见的兵书、战报、命令、文告等等，念起来大概一般军人都容易听得懂。假若读的是自己平素完全生疏的内容，那大概就很难听懂。

## 第四章
### 读书的经验和方法

但是，杨大眼的这种读书方法，对于一个识字不多而工作上又迫切需要阅读很多文件的人，我想是有实际效果的。这种读书的方法，主要是依靠用耳朵听别人读书，所以这种读书方法可以叫作"耳读"法。它是很有用的一种读书方法。

把这种读书方法叫作耳读法，还有一个理由，就是要区别于所谓"听读"。晋代王嘉的《拾遗记》中也有一个故事说：

贾逵年六岁，其姊闻邻家读书，日抱逵就篱听之。逵年十岁，乃诵读六经。父曰：我未尝教汝，安得三坟五典诵之乎？曰：姊尝抱予就篱听读，因记得而诵之。"

这种听读和前面说的耳读不同。因为听读只是随声诵读，并不一定懂得；而耳读是真正懂得所读的内容。所以说值得重视的是耳读而不是听读。

耳读的方法对于老年不能看书的人，同样也很适用。宋代楼璹的《醉翁寱语》（编者注：寱同"呓"）一书记载了另一个故事：

孙莘老喜读书，晚年病目，乃择卒伍中识字稍解事者二人，授以句读，每瞑目危坐室中，命二人更读于旁。

虽然这是因为眼睛有病不能看书才用耳读的方法，但是，我们无妨以此类推，设想到其他的人也许由于种种原因，以致自己不能看书，就都可以采用这种耳读的方法。

事实上，我们知道现代的许多大政治家，往往要在很短的时间内，阅读和处理一大批书报和文件等等。他们既没有三头六臂，于是对一般的资料和文件，就只好由若干秘书人员分别帮助阅读和处理，而把最重要的字句念一两遍，如此看来，杨大眼的耳读法倒并不是落后的方法啊！

（本文署名为马南邨，原载 1961 年 4 月 27 日《北京晚报》的《燕山夜话》专栏，后收入杂文集《燕山夜话》第 1 集）

# 不要秘诀的秘诀

文 / 邓拓

以前在书店里常常可以看见有所谓《读书秘诀》《作文秘诀》之类的小册子，内容毫无价值，目的只是骗人。但是，有些读者贪图省力，不肯下苦功夫，一见有这些秘诀，满心欢喜，结果就不免上当。现在这类秘诀大概已经无人问津了吧！然而，我觉得还有人仍然抱着找秘诀的心情，而不肯立志用功。因此，向他们敲一下警钟还是必要的。

历来真正做学问有成就的学者，都不懂得什么秘诀，你即便问他，他实在也说不出。明代的学者吴梦祥自己定了一份学规，上面写道：

> 古人读书，皆须专心致志，不出门户。如此痛下工夫，庶可立些根本，可以向上。或作或辍，一暴十寒，则虽读书百年，吾未见其可也。

看来这个学规中，除了"不出门户"的关门读书的态度不值得提倡以外，一般都是很好的见解。事实的确是这样。不管你学习和研究什么东西，只要专心致志，痛下工夫，坚持不断地努力，就一定会有收获。最怕的是不能坚持学习和研究，抓一阵子又放松了，这就是"或作或辍，一暴十寒"的状态，必须注意克服。吴梦祥的这个学规对我们今天仍然有一些用处。

这种学规早在宋代就十分流行，特别是朱熹等理学家总喜欢搞这一套。但是其中也有的不是学规，而是一些经验谈。如陈善的《扪虱新话》一书写道：

> 读书须知出入法。始当求所以入，终当求所以出。见得亲切，此是入书法；用得透脱，此是出书法。盖不能入得书，则不知古人用心处；不能出得书，则又死在言下。惟知出知入，得尽读书之法也。

用现在的眼光读这一段文字，也许觉得他的见解很平常。然而，我们要知道，陈善是南宋淳熙年间，即公元12世纪后半期的人。在那个时候他就能够提出这样鲜明的主张，也算是难能可贵的了。他主张要读活书而不要读死书，就是说要知入知出；要体会古人著作的精神和实质而不要死背一些字句，就是说要体会古人用心处而不可死在言下。不但这样，他还反对为读书而读书的倾向。他主张读书要求实际运用，并且要用得灵活，即所谓"透脱"。你看他的这些主张，难道不是一种反教条主义的主张吗？他的这个主张，过去很少有人注意，因为他的声名远不如朱熹等人,但是他根据自己读书的经验而提出了这种主张,我想这还是值得推荐的。

宋儒理学的代表人物中,如陆九渊的读书经验也有可取之处。《陆象山语录》有一则写道:"如今读书且平平读,未晓处且放过,不必太滞。"接着,他又举出下面的一首诗:

读书切戒在慌忙,涵泳工夫兴味长;未晓不妨权放过,切身须要急思量。

这就是所谓"读书不求甚解"的意思。本来说不求甚解也并非真的不要求把书读懂,而是主张对于难懂的地方先放它过去,不要死扣住不放。也许看完上下文之后,对于难懂的部分也就懂得了;如果仍然不懂,只好等日后再求解释。这个意思对于我们现在的青年读者似乎特别有用。

至于我们现在提倡读书要用批判的眼光,要取其精华,去其糟粕,这个主张古代的读书人却没有胆量提出。古代只有一个没有机会读书的木匠,曾经有过类似这种思想的萌芽。这个人就是齐国的轮扁。据《庄子·天道篇》记载:

桓公读书于堂上,轮扁斲轮于堂下,释椎凿而上,问桓公曰:敢问公之所读何言耶?公曰:圣人之言也。曰:圣人在乎?公曰:已死矣。曰:然则君之所读者,古人之糟粕已夫!

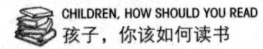

接着,轮扁还介绍了他自己进行生产劳动的经验。他的话虽然不免有很大的片面性,他不该把一切所谓"圣人"之言全部否定了;但是,他反对读古人的糟粕,强调要从生产劳动中去体会,这一点却有独到的见地。

我们现在读书的态度和方法,从根本上说,也不过如此。而这些又算得是什么秘诀呢?!如果一定要说秘诀,那么,不要秘诀也就是秘诀了。

(本文署名为马南邨,原载1961年5月7日《北京晚报》的《燕山夜话》专栏,后收入杂文集《燕山夜话》第1集)

# 论百读不厌

文 / 朱自清

前些日子参加了一个讨论会,讨论赵树理先生的《李有才板话》。座中一位青年提出了一件事实:他读了这本书觉得好,可是不想重读一遍。大家费了一些时候讨论这件事实。有人表示意见,说不想重读一遍,未必减少这本书的好,未必减少它的价值。但是时间匆促,大家没有达到明确的结论。一方面似乎大家也都没有重读过这本书,并且似乎从没有想到重读它。然而问题不但关于这一本书,而是关于一切文艺作品。为什么一些作品有人"百读不厌",另一些却有人不想读第二遍呢?是作品的不同吗?是读的人不同吗?如果是作品不同,"百读不厌"是不是作品评价的一个标准呢?这些都值得我们思索一番。

苏东坡有《送章惇秀才失解西归》诗,开头两句是:

旧书不厌百回读,
熟读深思子自知。

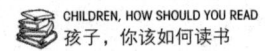

"百读不厌"这个成语就出在这里。旧书指的是经典,所以要熟读深思。《三国志·魏志·王肃传·注》:

> 人有从(董遇)学者,遇不肯教,而云"必当先读百遍",言"读书百遍而义自见"。

经典文字简短,意思深长,要多读,熟读,仔细玩味,才能了解和体会。所谓"义自见","子自知",着重自然而然,这是不能着急的。这诗句原是安慰和勉励那考试失败的章惇秀才的话,劝他回家再去安心读书,说"旧书"不嫌多读,越读越玩味越有意思。固然经典值得"百回读",但是这里着重的还在那读书的人。简化成"百读不厌"这个成语,却就着重在读的书或作品了。这成语常跟另一成语"爱不释手"配合着,在读的时候"爱不释手",读过以后"百读不厌"。这是一种赞词和评语,传统上确乎是一个评价的标准。当然,"百读"只是"重读""多读""屡读"的意思,并不一定一遍接着一遍地读下去。

经典给人知识,教给人怎样做人,其中有许多语言的、历史的、修养的课题,有许多注解,此外还有许多相关的考证,读上百遍,也未必能够处处贯通,教人多读是有道理的。但是后来所谓"百读不厌",往往不指经典而指一些诗,一些文,以及一些小说;这些作品读起来津津有味,重读,屡读也不腻味,所以说"不厌";"不厌"不但是"不讨厌",并且是"不厌倦"。诗文和小说都是文艺作品,这里面也有一些语言和历史的课题,诗文也有些注解和考证；小说方面呢，却直到近代才有人注意这些课题，于是也有了种种考证。但是过去一般读者只注意诗文的注解，不大留心那些课题，对于小说更其如此。他们集中在本文的吟诵或流览（编者注：浏览）上。这些人吟诵诗文是为了欣赏，甚至于只为了消遣，流览或阅读小说更只是为了消遣，他们要求的是趣味，是快感。这跟诵读经典不一样。诵读经典是为了知识，为了教训，得认真，严肃，正襟危坐地读，不像读诗文和小说可以马马虎虎的，随随便便的，在床上，在火车轮船上都成。这么着可还能够教人"百读不厌"，那些诗文和小说到底是靠了什么呢？

在笔者看来，诗文主要是靠了声调，小说主要是靠了情节。过去一般读者大概都会吟诵，他们吟诵诗文，从那吟诵的声调或吟诵的音乐得到趣味或快感，意义的关系很少；只要懂得字面儿，全篇的意义弄不清楚也不要紧的。梁启超先生说过李义山的一些诗，虽然不懂得究竟是什么意思，可是读起来还是很有趣味（大意）。这种趣味大概一部分在那些字面儿的影像上，一部分就在那七言律诗的音乐上。字面儿的影像引起人们奇丽的感觉；这种影像所表示的往往是珍奇，华丽的景物，平常人不容易接触到的，所谓"七宝楼台"（编者注：传说中神仙所居之处，泛指堂皇华丽的楼台）之类。民间文艺里常常见到的"牙床"等等，也正是这种作用。民间流行的小调以音乐为主，而不注重词句，欣赏也偏重在音乐上，跟吟诵诗文也正相同。感觉的享受似乎是直接的，本能的，即使是字面儿的影像所引起的感觉，也还多少有这种情

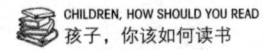

形;至于小调和吟诵,更显然直接诉诸听觉,难怪容易唤起普遍的趣味和快感。至于意义的欣赏,得靠综合诸感觉的想象力,这个得有长期的教养才成。然而就像教养很深的梁启超先生,有时也还让感觉领着走,足见感觉的力量之大。

小说的"百读不厌",主要的是靠了故事或情节。人们在儿童时代就爱听故事,尤其爱奇怪的故事。成人也还是爱故事,不过那情节得复杂些。这些故事大概总是神仙、武侠、才子、佳人,经过种种悲欢离合,而以大团圆终场。悲欢离合总得不同寻常,那大团圆才足奇。小说本来起于民间,起于农民和小市民之间。在封建社会里,农民和小市民是受着重重压迫的,他们没有多少自由,却有做白日梦的自由。他们寄托他们的希望于超现实的神仙,神仙化的武侠,以及望之若神仙的上层社会的才子佳人;他们希望有朝一日自己会变成了这样的人物。这自然是不能实现的奇迹,可是能够给他们安慰、趣味和快感。他们要大团圆,正因为他们一辈子是难得大团圆的,奇情也正是常情啊。他们同情故事中的人物,"设身处地"地"替古人担忧",这也因为事奇人奇的缘故。过去的小说似乎始终没有完全移交到士大夫的手里。士大夫读小说,只是看闲书,就是作小说,也只是游戏文章,总而言之,消遣而已。他们得化装为小市民来欣赏,来写作;在他们看,小说奇于事实,只是一种玩艺儿,所以不能认真、严肃,只是消遣而已。

封建社会渐渐垮了,五四时代出现了个人,出现了自我,同时成立了新文学。新文学提高了文学的地位;文学也给人知识,也教给人怎样做人，不是做别人的，而是做自己的人。可是这时候写作新文学和阅读新文学的，只是那变了质的下降的士和那变了质的上升的农民和小市民混合成的知识阶级，别的人是不愿来或不能来参加的。而新文学跟过去的诗文和小说不同之处，就在它是认真地负着使命。早期的反封建也罢，后来的反帝国主义也罢，写实的也罢，浪漫的和感伤的也罢，文学作品总是一本正经地在表现着并且批评着生活。这么着文学扬弃了消遣的气氛，回到了严肃——古代贵族的文学如《诗经》，倒本来是严肃的。这负着严肃的使命的文学，自然不再注重"传奇"，不再注重趣味和快感，读起来也得正襟危坐，跟读经典差不多，不能再那么马马虎虎，随随便便的。但是究竟是形象化的，诉诸情感的，跟经典以冰冷的抽象的理智的教训为主不同，又是现代的白话，没有那些语言的和历史的问题，所以还能够吸引许多读者自动去读。不过教人"百读不厌"甚至教人想去重读一遍的作用，的确是很少了。

新诗或白话诗，和白话文，都脱离了那多多少少带着人工的、音乐的声调，而用着接近说话的声调。喜欢古诗、律诗和骈文、古文的失望了，他们尤其反对这不能吟诵的白话新诗；因为诗出于歌，一直不曾跟音乐完全分家，他们是不愿扬弃这个传统的。然而诗终于转到意义中心的阶段了。古代的音乐是一种说话，所谓"乐语"，后来的音乐独立发展，变成"好听"为主了。现在的诗既负上自觉的使命，它得说出人人心中所欲言而不能言的，自然就不注重音乐而注重意义了。——一方面音乐大概也在渐渐注重意义，回到说话吧？——字面儿的影像还是用得着，不过一般的看起来，影像本身，不论是鲜明的，朦胧的，可以独立地诉诸感觉的，是不够吸引人了；影像如果必须得用，就要配合全诗的各部分完成那中心的意义，说出那要说的话。在这动乱时代，人们着急要说话，因为要说的话实在太多。小说也不注重故事或情节了，它的使命比诗更见分明。它可以不靠描写，只靠对话，说出所要说的。这里面神仙、武侠、才子、佳人，都不大出现了，偶然出现，也得打扮成平常人；是的，这时候的小说的人物，主要的是些平常人了，这是平民世纪啊。至于文，长篇议论文发展了工具性，让人们更如意地也更精密地说出他们的话，但是这已经成为诉诸理性的了。诉诸情感的是那发展在后的小品散文，就是那标榜"生活的艺术"，抒写"身边琐事"的。这倒是回到趣味中心，企图着教人"百读不厌"的，确乎也风行过一时。然而时代太紧张了，不容许人们那么悠闲；大家嫌小品文近乎所谓"软性"，丢下了它去找那"硬性"的东西。

文艺作品的读者变了质了，作品本身也变了质了，意义和使命压下了趣味，认识和行动压下了快感。这也许就是所谓硬的解释。硬性的作品得一本正经地读，自然就不容易让人"爱不释手"，"百读不厌"。于是"百读不厌"就不成其为评价的标准了，至少不成其为主要的标准了。但是文艺是欣赏的对象，它究竟是形象化的，诉诸情感的，怎么"硬"也不能"硬"到和论文或公式一样。诗虽然不必再讲那带几分机械性的声调，却不能不讲节奏，说话不也有轻重高低快慢吗？节奏合式，才能集中，才能够高度集中。文也有文的节奏，配合着意义使意义集中。小说是不注重故事或情节了，但也总得有些契机来表现生活和批评它；这些契机得费心思去选择和配合，才能够将那要说的话，要传达的意义，完整的说出来，传达出来。集中了的完整了的意义，才见出情感，才让人乐意接受，"欣赏"就是"乐意接受"的意思。能够这样让人欣赏的作品是好的，是否"百读不厌"，可以不论。在这种情形之下，笔者同意：《李有才板话》即使没有人想重读一遍，也不减少它的价值，它的好。

但是在我们的现代文艺里，让人"百读不厌"的作品也有的。例如鲁迅先生的《阿Q正传》，茅盾先生的《幻灭》《动摇》《追求》三部曲，笔者都读过不止一回，想来读过不止一回的人该不少吧。在笔者本人，大概是《阿Q正传》里的幽默和三部曲里的几个女性吸引住了我。这几个作品的好已经定论，它们的意义和使命大家也都熟悉，这里说的只是它们让笔者"百读不厌"的因素。《阿Q正传》主要的作用不在幽默，那三部曲的主要作用也不在铸造几个女性，但是这些却可能产生让人"百读不厌"的趣味。这种趣味虽然不是必要的，却也可以增加作品的力量。不过这里的幽默绝不是油滑的，无聊的，也绝不是为幽默而幽默，而女性也绝不就是色情，这个界限是得弄清楚的。抗战期中，文艺作品尤其是小说的读众大大的增加了。增加的多半是小市民的读者，他们要求消遣，要求趣味和快感。扩大了的读众，有着这样的要求也是很自然的。长篇小说的流行就是这个要求的反应，因为篇幅长，故事就长，情节就多，趣味也就丰富了。这可以促进

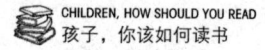

长篇小说的发展，倒是很好的。可是有些作者却因为这样的要求，忘记了自己的边界，放纵到色情上，以及粗劣的笑料上，去吸引读众，这只是迎合低级趣味。而读者贪读这一类低级的软性的作品，也只是沉溺，说不上"百读不厌"。"百读不厌"究竟是个赞词或评语，虽然以趣味为主，总要是纯正的趣味才说得上的。

（本文为1947年10月10日作，原载1947年11月15日《文讯》月刊第7卷第5期）

# 读书百宜录

文/张恨水

张恨水（1895—1967），原名心远，安徽潜山人。中国作家。早年任《皖江报》总编辑。1919年去北京，先后任《益世报》《世界日报》等编辑，并开始写章回小说。1929年发表《啼笑姻缘》，颇有影响。一生致力于通俗文艺创作，著有《春明外史》《金粉世家》《八十一梦》等。

读书有时，亦须有地。善读书者，则觉一切声色货好之处，无不可于书中得之也。试作读书百宜。

秋窗日午，小院无人，抱膝独坐，聊嫌枯寂，宜读《庄子·秋水篇》。

菊花满前，案有旨酒，开怀爽饮，了无尘念，宜读陶渊明诗。

黄昏日落，负手庭除。得此余暇，绮怀万动，宜读花间诸集。

大雪漫天，炉灯小坐，人缩如猬，豪气欲销，宜读《水浒传》林冲走雪一篇。

偶然失意，颇感懊恼，徘徊斗室，若有所悟，即宜拂几焚香，

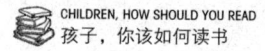

静坐稍息徐读《楞严经》。

银灯灿烂,画阁春温,细君含睇,穿针夜话,宜高声朗诵,为伊读《西厢记》。

月明如画,清霜行天,秋夜迢迢,良多客感。宣读盛唐诸子一唱三咏之诗。

蔷薇架下,蜂蝶乱飞,正在青春,谁能不醉,宜细读《红楼梦》。

冗于琐务,数日不暇,摆脱归来,俗尘满襟。宜读《史记·项羽本纪》及《游侠列传》。

淡日临窗,茶烟绕案,瓶花未谢尚有余香,宜读六朝小品。

题曰百宜,不能真个列举百宜。必欲举之,未免搜索枯坐。然而枯则无味矣。敬作抛砖之引,以求美玉之来。

(本文署名为水,原载1929年11月3日北平《世界晚报》副刊《夜光》)

第五章

# 如何从读书求学中获取真智慧

有人以为学问就是智慧,其实有学问的人,何曾都有智慧?世界上有不少学问渊博的人,可是食古不化,食今亦不化,不知融会贯通,举一不能反三,终身都跳不出书本的圈子,实在说不上智慧二字。那么,我们应该如何读书求学中获取真智慧吗?

# 读书与用书

文 / 陶行知

### 一、三种人的生活

中国有三种人:书呆子是读死书,死读书,读书死。工人、农人、苦力、伙计是做死工,死做工,做工死。少爷、小姐、太太、老爷是享死福,死享福,享福死。

### 二、三帖药

书呆子要动动手,把那呆头呆脑的样子改过来,你们要吃一帖"手化脑"才会好。我劝你们少读一点书,否则在脑里要长"瘰块"咧。工人、农人、苦力、伙计要多读一点书,吃一帖"脑化手",否则是一辈子要"劳而不获"。少爷、小姐、太太、老爷,你们是快乐死了。好,愿意死就快快地死掉吧。我代你们挖坟墓。倘使不愿意死,就得把手套解掉,把高跟鞋脱掉,把那享现成福的念头打断,把手儿、头脑儿拿出来服侍大众并为大众打算。药在你们自己的身上,我开不出别的药方来。

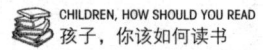

### 三、读书人与吃饭人

与读书联成一气的有"读书人"一个名词，假使书是应该读的，便应使人人有书读；决不能单使一部分的人有书读叫作读书人，又一部分的人无书读叫作不读书人。比如饭是必须吃的，便应使人人有饭吃，决不能使一部分的人有饭吃叫作吃饭人，又一部分的人无饭吃叫作不吃饭人。从另一面看，只知道吃饭，不成为饭桶了吗？只知道读书，别的事一点也不会做，不成为一个活书架了吗？

### 四、吃书与用书

有些人叫作蛀书虫。他们把书儿当作糖吃，甚至于当作大烟吃，吃糖是没有人反对，但是整天地吃糖，不要变成一个糖菩萨吗？何况是连日带夜地抽大烟，怪不得中国的文人，几乎个个黄皮骨瘦，好像鸦片烟鬼一样。我们不能否认，中国是吃书的人多，用书的人少。现在要换一换方针才行。

书只是一种工具，和锯子、锄头一样，都是给人用的。我们与其说"读书"，不如说"用书"。书里有真知识和假知识。读它一辈子不能分辨它的真假；可是用它一下，书的本来面目就显了出来，真的便用得出去，假的便用不出去。

农人要用书，工人要用书，商人要用书，兵士要用书，医生要用书，画家要用书，教师要用书，唱歌的要用书，做戏的要用书，三百六十行，行行要用书。行行都成了用书的人，真知识才愈益普及，愈易发现了。书是三百六十行之公物，不是读书人所能据为私有的。等到三百六十行都是用书人，读书的专利便完全打破，读书人除非改行，便不能混饭吃了。好，我们把我们所要用的书找出来用吧。

用书如用刀，不快就要磨。
呆磨不切菜，怎能见婆婆。

**五、书不可尽信**

孟子说："尽信书则不如无书。"在书里没有上过大当的人，决不能说出这一句话来。连字典有时也不可以太相信。第五十一期的《论语》的《半月要闻》内有这样一条：

据二卷十二期的《图书评论》载：《王云五大辞典》将汤玉麟之承德归入察哈尔，张家口"收回"入河北，瀛台移入"故宫太液池"，雨花台移入南京"城内"，大明湖移出"历城县西北"。

我叫小孩子们查一查《王云五大辞典》，究竟是不是这样，小孩子们的报告是，《王云五大辞典》真的弄错了。只有一条不能断定，南京有内城、外城，雨花台是在内城之外，但是否在外城之内，因家中无志书，回答不出。总之，书不可尽信，连字典也不可尽信。

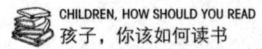

## 六、戴东原的故事

书既不可以全信,那么,应当怀疑的地方就得问。学非问不明。戴东原先生在这一点上是给了我们一个很好的引导。东原先生十岁才能开口讲话。《大学》有经一章,传十章。有一条注解说这一章经是孔子的话,由曾子写的;那十章传是曾子之意,由他的门徒记下来的。东原先生问塾师怎样知道是如此。塾师说:"朱文公(夫子)是这样注的。"他问朱文公是何时人。塾师说是宋朝人。他又问孔子和曾子是何时人。塾师说是周朝人。"周朝离宋朝有多少年代?""差不多是二千年了。""那么,朱文公怎样能知道呢?"塾师答不出,赞叹了一声说:"这真是个非常的小孩子呀!"

## 七、王冕的故事

王冕十岁时,母亲叫他的面前说:"儿啊!不是我有心耽误你,只因你父亲死后,我一个寡妇人家,年岁不好,柴火又贵,这几件旧衣服和些旧家伙都当卖了。只靠着我做些针线生活寻来的钱,如何供得你读书?如今没奈何,把你雇到隔壁人家放牛,每月可得几钱银子,你又有现成饭吃,只在明天就要去了。"王冕说:"娘说得是。我在学堂里坐着,心里也闷,不如往他家放牛,倒快活些。假如我要读书,依旧可以带几本去读。"王冕自此只在秦家放牛。……每日点心钱也不用掉,聚到一两个月,偷空走到村学堂里,见那闯学堂的书客,就买几本旧书,逐日把牛拴了,坐在柳荫树下看。

现在的学校教育是对穷孩子封锁,有钱、有闲、有面子才有书念。我们穷人就不要求学吗?不,社会就是我们的大学。关在门外的穷孩子,我们踏着王冕的脚迹来攀上知识的高塔吧。

(本文原载1934年11月10日《读书生活》第1卷第1期)

# 论学问与智慧

文 / 罗家伦

学问（Learning）与智慧（Wisdom），有显然的区别。学问是知识的聚集（Accumulation of knowledge），是一种滋养人生的原料，而智慧却是陶冶这原料的熔炉。学问好比是铁，而智慧是炼钢的电火。学问是寸积铢累而来的，常是各有疆域独自为政的。它可吸收人生的兴趣，但是它本身却是人生的工具。智慧是一种透视，一种反想，一种远瞻；它是人生含蕴的一种放射性；它是从人生深处发出来的，同时它可以烛照人生的前途。

有人以为学问就是智慧，其实有学问的人，何曾都有智慧？世界上有不少学问淹博（编者注：渊博）的人，而食古不化，食今亦不化，不知融会贯通，举一不能反三，终身都跳不出书本的圈子，实在说不上智慧二字。这种人西洋便叫作"有学问的笨伯"（A learned fool），在中国便可称为"两脚书橱"或"冬烘先生"（编者注：旧指塾师。常含讥诮其迂腐浅陋之意）。反过来说，有智慧的人也不见得都有很好的学问。有一种人，读书虽然不多，但他对于人情事理，都很通达，凭借经验，运用心得，"官知止

## 第五章
## 如何从读书求学中获取真智慧

而神欲行，依乎天理，批大郤，导大窾"。这种的人，你能说他没有智慧吗？

学问是不能离开智慧的；没有智慧的学问，便是死的学问。有许多人从事研究工作，搜集了很多材料，但往往矻矻穷年，找不到问题的中心，得不到任何的结果，纵有结果，亦复无关宏旨——这便是由于没有智慧。而有智慧的人则不然，他纵然研究一个极小的问题，但却能探骊得珠，找到核心所在；其问题虽小，而其映射的范围，却往往甚大。譬如孟德尔（Mendel）研究豆子的交配，居然悟出遗传的定律，奠下了遗传学和优生学的基础，就是一个例子。再说进化论的创立者达尔文。在达尔文以前，何曾没有富于学问的生物学家，看见过海边的蚌壳，山中的化石，类人的猩猿，初民的种族？何以不能发明物竞天择，最适者存的天演公例？等达尔文发明以后，于是赫胥黎慨然叹曰："这个道理，傻子都应该知道，为什么我以前不知道？"于是他奋身而为达尔文的"牛头狗"（Bulldog），为他张目。当代的物理学家，爱因斯坦，有人称他为牛顿后第一人，他的相对论是科学上一个稀有的创获。但是他自己却对人说："我的发明其实很简单，只是你们不看见罢了！"他能看见别人所看不见的，便是他的智慧过人之处。

世间不但有缺乏智慧的人，而且也有缺少智慧的书。我们可以把书分为两大类：一类是有智慧的，一类是无智慧的。有智慧的书，是每字每句，都如珠玉似的晶莹，斧凿般的深刻，可以启发人的心灵，开辟人的思想，有时可以引伸成一篇论文，或成一本专书。这就是英文中所谓"灿烂的书"（"Brilliant book"）。无智慧的书，往往材料堆积得和蚁丘一样，议论虽多，见解毫无。纵然可以从他得消息，却不可以从他得启示，在著者是"博而寡约"，在读者是"劳而无功"。这就是英文中所谓"晦塞的书"（"Dull book"）。然而这类的书多极了，读者要不浪费时间，就不能不精为选择。须知著书固要智慧，读书也要智慧。"读书得闻"就是智慧的表现。"鞭辟入里"，"豁然贯通"，都不是容易的事。若是像讽诵高头讲章的读法，则虽"读破五车"，有何用处？

学问固然不能离开智慧，同时智慧也不能离开学问。有学问的人，虽然不一定就有智慧，正和有智慧的人不一定有很深的学问一样，但是智慧却必须以学问做基础，才靠得住。戴东原说："且一以自然为宗而废学问，其心之知觉有止，不复日益，差谬之多，不求不思，终其身而自尊大，是以圣贤恶其害道也"，正是这个道理。无学问的智慧，只是浮光掠影，瞬起瞬灭的。他好像肥皂泡一样，尽管可以五光十色，但是一触即破。唯有从学问中产生出来的智慧，才不是浮光，而是探照灯，可以透过云层，照射到青空的境地。唯有从学问中锻炼出来的智慧，才不是幻灭的肥皂泡；它永远像珍珠泉的泉水一般，一串串不断地从水底上涌。也唯有这种有根底的智慧，才最靠得住，最为精澈，最可宝贵。

若把学问譬作建筑材料，那智慧便是建筑师的匠心。有木、有石，甚至有水泥钢骨，决不能成为房子；就是懂得材料力学、

# 第五章
## 如何从读书求学中获取真智慧

结构原理，也只可以造成普通的房子，而决不能造成庄严壮丽的罗马圣彼得（St. Peters）或巴黎圣母（Notre Dame）教堂。这种绝代的美术作品，是要靠艺术家的匠心的。但是材料愈能应手，匠心愈能发挥；构造的原理愈进步，艺术家愈能推陈出新。材料与技术对于作风的影响，整个美术史，尤其建筑史，都可以证明。所以学问与智慧是相辅为用，缺一不可的。我们不但需要学问，而且更需要智慧——需要以智慧去笼罩学问、透视学问、运用学问。

学问应如何去寻求？智慧又如何去浚瀹（编者注：深挖疏导的意思）？更应如何以智慧去笼罩，透视，并运用学问？这是思想方法的问题。思想不是空想，不是幻想，而是有严格纪律的一种意识的训练。思想当然不是别人所教得来的；没有思想的人，别人不能强他有思想，正如西洋古语所说："你能引马就水，但不能教马喝水"（"You can lead a horse to water, but you cannot make him drink"）。然而思想是可以启发的。教育的最大功用，就是启发人的思想。所谓"不愤不启，不悱不发"，就是承认思想有启发的可能。思想应如何去启发呢？当然非有训练思想的方法不可。我现在先提出中西两大哲人关于训练思想的指示来。

中国的孔子讲学时，曾提"毋意，毋必，毋固，毋我"四个戒条。无论经学家如何诠释，我们拿近代思想方法的眼光来看，可以得到一种新的领悟。毋意可以释作不可凡事以意为之。没有根据先有论断是要不得的。这就是成见（Prejudice），成见与科学探讨的精神不相容。毋必是不可武断（Dogmatic）。武断是虚心的反面，往往以不完备的知识，不合的见解，据为定论。毋固是不可固执（Obstinate），拘泥胶着，拒绝新的事物，新的假定。堕入樊笼而不自解，钻入牛角心里而不自拔。毋我是不可以自己为中心，以自我为出发点（Ego-centric predicament），妄自尊大，正是所谓我执。这种胸有所蔽的看法，在逻辑上不能允许，在认识论上也不能容。必须破除以上各蔽，乃能清明在躬，洞烛万象。必须如此，才能浚瀹智慧。必须如此，才能役万物而不为万物所役。为学求知应当如此，就是人生修养，也应当如此。

近代西洋的大思想家培根（Francis Bacon），在他所著的《学问的进展》（The Advancement of Learning）一书中，讨论思想错误的原因，可说精辟极了。康第拉（Condillac）曾说："世人了解思想错误的原因者，莫过于培根。"培根以为人类思想的错误，乃是由于有四种偶像（Idols）。这种偶像，佛家称为"执"，我们称为"蔽"。

第一是"部落的偶像"（Idols of the tribe），可称"观感之蔽"。就是说对于一个问题，先按照自己的意见决定好了，然后才去寻找经验，再把经验团捏揉搓得和自己的意思相合。这无异手提着一个蜡人再向他问路。这是一般人最易犯的错误。现在有些大学生做论文，往往先有了结论，然后去找材料，好像药店里打好了装药的抽屉，安放得整整齐齐，再待把药材分别填塞进去，就算完事。他不是从材料里去逐步寻求真理，乃是把他的所谓真理去配合材料。这种工作，是白费的。

第二是"山洞的偶像"（Idols of the cave），可称"自我之蔽"。这与个人性格有关系。每个人因为他性之所近，常常在意识里形成他的一个所谓"洞"或"窠"。这种"洞"或"窠"，常把自然的光线屈折或遮蔽了，于是一个人就像戴上颜色眼镜：戴了蓝色眼镜，便说一切是蓝；戴了黑色眼镜，便说一切是黑。结果是是非不明，黑白不分。这种"洞"，人的思想一跌进去，便是不容易爬出来的。

第三是"市场的偶像"（Idols of the market），可称"语言之蔽"。这是从人与人的接触之中而生的。人与人相接触时，不得不用语言来交换思想，但语言所用的字句，常以群众所了解者为准，所以字意常不确定，或不完备，而真理遂被湮没。人类思想的错误，很多是由此而来。逻辑最重要的目的，就是确定每个字的意义，而使其有一定的内容，以免"失之毫厘，谬以千里"。政治煽动家说的话，大都是极漂亮而动听的，但是仔细分析起来，有几句是确定可靠的？庄子说"言隐于荣华"，其实这种语言是和无花果树一样，以它的叶子隐盖着它无花的羞辱。

第四是"戏院的偶像"（Idols of the theatre），可称"学统之蔽"。人类有些思想上的错误，是由于传统的信条或对事实错误的证明而来。古今来各种派别的哲学系统，往往不啻是戏台上一幕一幕的戏剧，各人凭其主观的想象而编成的。如果有人堕入彀中，深信不疑，便很容易固执偏见，抹杀其他。中国过去的学派之争，如所谓朱陆异同的聚讼，都于不知不觉中犯了这个毛病。

我们根据这两位哲人的指示，就可知道要训练思想，必须注意以下几点：

**第一是去蔽**。去蔽是训练思想的第一先决条件。必须能够去蔽，然后才能透视一切，大彻大悟，达到智慧最高的境界。必须去掉孔子的所谓"意""必""固""我"，必须去掉培根的所谓四种偶像，然后才可有虚明豁达的心胸，接受一切的真理。否则阴翳在心，障碍在目，欲求真理，真理愈远。荀子有《解蔽篇》，说得很痛快。他说："墨子蔽于用而不知文，宋子蔽于欲而不知得，慎子蔽于法而不知贤，申子蔽于埶（编者注：同"势"）而不知知，惠子蔽于辞而不知实，庄子蔽于天而不知人……此数具者，皆道之一隅也。夫道者体常而尽变，一隅不足以举之……然则虚也者谓毋若数子之蔽于所已臧之一隅，而害所将受之道也。"我们要知道智慧所烛的，决不仅是道之一隅！

**第二是分析**。分析可分两部分讲：一是事物的分析。宇宙的万象，交互错综，复杂极了，要全部加以研究，自为事实所不许可。所以生物学家只抽出一部分有生命的现象来研究，地质学家只抽出一部分无生命的现象来研究。这便是以类别来分析的办法。二是观念的分析。譬如语言文字所包含的意义，若要论事穷理，便非先弄清楚不可。不然，就生许多误解，许多枝节，许多争论。哲学争论之中，尤多文字涵义之争。从前黄远生先生（编者注：名为基，字远庸，笔名远生。清末进士。中国新闻记者）有一篇文章，叫《笼统为国民之公敌》。这"笼统"二字，是中国人思想上最大的病根，不知误了我们多少事。我们要国民有清晰的思想，非把许多语言文字里所包含的观念，先行"刮垢磨光"一番不可。

**第三是综合。** 综合就是将分析所得的结果，组织成一个完整的系统。综合的最大目的，就是在求思想的经济（Economy of thought）。科学的公式，必须能以简驭繁，就是要把最简单的公式，解释和驾驭许多繁复的现象。无综合头脑的人，常觉得宇宙间的万事万物，不是各不相关，就是紊丝一团；而在有综合头脑的人看来，则觉得处处关连，头头是道，可以从中找出一个整齐的头绪，美丽的系统。

**第四是远瞻。** 讲艺术要注意远景，讲科学何独不然？从事科学工作的人，因为研究专门的东西，最容易囿于一个狭小的范围，而把大者远者反遗忘了。专家的定义是"一个人在最小的范围以内，知道最多的东西"。所以专靠专家来谋国，是可以误大事的。蒋百里先生，在他的《日本人》中，形容日本见树木而不见森林的情形，有一段话最足发人深省。他说："日本人很能研究外国情形，有许多秘密的知识，比外国人自己还要丰富。但正因为过于细密之故，倒把大的，普通的忘记了。譬如日本人研究印度，比任何国人都详细，他很羡慕英国的获得印度，但是他忘记了英国人对印度的统治，是在大家没有注意时代用三百年的工夫才能完成。而日本人却想在列强之下三十年内要成功。日本人又研究中国个人人物。他们的传记与行动，他很有兴会地记得，但他忘记了中国地理的统一性，与文字的普遍性，而想用武力来改变五千年历史的力量，将中国分裂。他又羡慕新兴的意大利与德国，开口统制，闭口法西斯，但他忘记了他无从产生一个首领。"这一段话，我不厌求详的写下来是因为他不但是给日本人一顿严厉的教训，也有可供我们深思之处。我们所理想的科学家与思想家，不应钻在牛角心里，而应站在瞭望台上！

以上四点，都是值得每个研究社会或自然科学的人加以深切注意的。黄黎洲说，"无速见之慧"，智慧是要努力才能浚瀹的。我们要努力求学问，我们更要努力求智慧！唐人高骈有一首诗道："炼汞烧铅四十年，至今犹在药炉前；不知子晋缘何事，只学吹箫便得仙！"这是一首很有哲学意味的诗。

哲学最早的定义，就是"爱智"，也就是对于智慧的追求（Pursuit of wisdom）。它对于宇宙和人生是要看整个的，不是看局部的；对于历史是要看全体的，不是看片段的。一时的便宜，可以酿成终究的吃亏。穷兵黩武的野心家可以造成无数战场的胜利，而最后得到的是整个战局的失败。这是缺少智慧的结果。现在的世界，学问是进步了，专门的知识是丰富了，但是还有这种悲痛、残酷、黑暗、毁灭的伟大悲剧，表演出来，这正是因为人类智慧贫乏的缘故！想挽回人类于空前浩劫的人，在这阴翳重重的世界里面，只有运用慧剑，才能斩除卑狭私伪、骄妄怨毒、塞心蔽性的孽障，才能得到长久的和平。希伯来古话说得好，"快乐的是能寻着智慧的人，是能得着了解的人。"（"Happy is the man that findeth wisdom, and the man that getteth understanding"－"Proverbs"）

（本文原载1942年商务印书馆出版《新人生观》。略有改动）

# 留学的目的和方法

文 / 章炳麟

章炳麟（1869—1936），初名学乘，字枚叔，后改名绛，学名炳麟，号太炎，浙江余杭（今杭州市余杭区）人。中国民主革命家、思想家、学者。在文学、历史学、语言学等方面，都有精深研究。所著《新方言》《文始》《小学答问》，上探语源，下明流变，颇多创获，但文字古奥难解。著述除刊入《章氏丛书》《章氏丛书续编》外，部分遗稿刊入《章氏丛书三编》，今辑有《章太炎全集》。

做一件事，说一句话，最怕的别人要问：什么缘故？现在诸君在这留学，是什么缘故？又问回家去教育子弟，是什么缘故？大概总说求学是要使自己成有用之材，教育是要他人成有用之材。这句话，原是老生常谈。但看起来，有几分不对：致用本来不全靠学问，学问也不专为致用。何以见得呢？你看别国的政治学者，并不能做成政治家；那个政治上的英雄伟人，也不见他专讲究政治学。政治本来从阅历上得来的多，靠书籍上得来的少。就像中国现在，袁世凯不过会写几行信札，岑春煊并且不大识字，所办的事，倒比满口讲政治的人好一点儿。又向实业一边看来，日本农科大学的学问，颇还好了，也该有几分行到民间，但民间农业仍旧不好；论到日本田边一看，秋收以后，桩子还在，并不知道收后要耕一次。直到来年下种，方才去耕。所以每年收获，不过同中国山东一样。中国江苏、浙江、江西的农人，两只黄耳朵，并没有听人说过什么农学，收获倒比日本加倍。固然几分靠着地质，到底是农人勤耕美粪的力居多。可见在致用上，第一要紧是阅历，第二要紧是勤劳，书本子上的学问，不过帮助一点儿，哪里有专靠帮助的！学问本来是求智慧，也不专为致用。中国古代的学问，都趋重致用一边，因为当时的人，只有看外边的眼光，没有看里边的眼光，觉得学了无用，不如不学。但到战国时候，已经渐渐打破。近来分科越多，理解也越明，自己为自己求知识的心，比为世界求实用的心，要强几倍。就晓得学问的真际，不专为致用了。况且致用的学问，未必真能合用；就使真能合用，还有一件致用的致用：倒不得不碰机会。机会不巧，讲致用的还是无用。专求智慧，只要靠着自己，并不靠什么机会。假如致用不成，回去著书立说。那件致用的方法，又是各时各代不同。近几代有用的，将来又变成没用，这书也就废了，不是枉废精神么？至于专求智慧，见得几分真理，将来总不能泯没。就有一点儿漏洞，总不会全局都翻。这书倒还可以传到后来。照这两样看起来，讲学问的，又何苦专向致用一路呢！在政府设许多学校，原只望成就几个致用的人；至于学生求学，以及教人求学，就不该专向致用一面。大概诸君心里，自己都晓得有自己，也晓得他人都有自己，未必是专向外边去驰逐的。

还有人说：求学是为修养道德，教人是为使人修养道德。兄弟看起来，德育、智育、体育，这三句话，原是该应并重。不过学校里边的教育，到底与道德不相干。兄弟这句话，并不是像教士的话，说道德都在礼拜堂里。但道德是从感情发生，不从思想发生。学校里边，只有开人思想的路，没有开人感情的路。且看农工商贩，有道德的尽多，可见道德是由社会熏染来，不从说话讲解来。学校里边，修身的教训，不过是几句腐话，并不能使人感动；再高了，讲到伦理学，这不过是研究道德的根原，总是在思想上，与感情全不相关，怎么能够发生道德出来！况且讲伦理、讲修身的教习，自己也没有什么道德，上堂厚了面皮，讲几句大话，退堂还是吃酒、狎妓。本来他为自己的饭碗，不得不虚应故事，去讲几句。俗话说的，"做一日和尚撞一日钟"，这个就是伦理学教师的职分！说话与感情本没相干；自己的道德，又不能为学生做表仪，要想学生相观而善，不是"煮沙成饭"么！不单是这样说，先生就果然有道德，也未必能成就学生，何以见得呢？中国的孔夫子，道德就不算极高，总比近来讲伦理学的博士要高一点，教出来的学生，德行科也只有四个。其余像宰我就想短丧，冉有就帮季氏聚敛，公伯寮还要害自己同学的人，有什么道德！郑康成的道德，能够感化黄巾，倒是及门的郗虑，害了孔融，又害了伏后，始终不能受郑康成的感化。后来几位理学先生，像二程的道德，也算可以了，教出来的学生，有一个邢恕，和蔡京、章惇一党，名字列在《宋史·奸臣传》里。孔子、郑康成、二程，道德是本来高的，所设的又是学会，不是学校，先生学生的亲切，总不像学校里头：见面日久，还不识学生的姓名，尚且有一般学生，反背道德的，何况入广大无边的学校？从空口大话的教习？于道德有什么益处！兄弟看来，大凡一处地方，人聚得越多，道德就越腐败：像军营、寺院、学校，都是一样。寺院里边的人，满口高谈道德，还有许多戒律约束他，道德尚且不好；军营里边，有极严厉的军法，逼得军人一步不得自由，也不过勉强把面子糊了去；学校里边，规则本来较宽，实在也不能用严厉的法子硬去逼束，空空地聚了许多人，道德自然难得好的。就有几个好的，或者天资本来醇厚，或者是从他的家教得来，或者所交的朋友，都还是品行端方，所以不很走作，并不是学校能够养成他的道德。但一切讲教育的人，总要把德育的话敷衍门面，不过因为道德是人间必不可少的东西，若开口说我这个学校里不讲道德，面子有点儿过不去，所以只好撑这个虚架子。究竟学校里面所讲的，在智育一面多，在德育一面少。就有几句修身伦理的话，只像唱戏，先要天官出场，到底看戏，并不要看天官，跳天官的也不是有名脚色。学生听讲的，并不要听伦理修身的话；讲伦理修身的，也不见得是有道德的人。诸君不要说兄弟的话太刻薄，只要自己问一问自己的心，再向上看一看那个教习，一定要说兄弟的话是先得我心了。如果揭开帘子，说几句亮话，只要说学校本来是为智育，并不是为德育，道德果然不可缺乏，却并不是学校的教育所能成就。诸君果然道德完具，也不能在学校里头，把道德送给他人。以后从事学校的教育，可以拿定主意，向智育一方去，不必再装门面，向德育一方去。

照以上的话，求学不过开自己的智，施教不过开别人的智，是最大的坦途了。既然求智，就应该把迷信打破。迷信不是专指宗教一项，但凡不晓得那边实际，随风逐潮，胡乱去相信那边，就叫作迷信。中国十几年前，相信欧洲的学问，没有路去求，求着教士，就觉得教士无所不知，无所不能。后来听得福建严几道的话，渐渐把迷信教士的心破了，又觉得严几道无所不知，无所不能。后来有游学日本的风气，渐渐把迷信严几道的心又破了，又觉得日本的博士、学士，无所不知，无所不能。及到日本了，晓得分科，也知道一个人不能无所不知，无所不能，但看日本全体的学者，依然觉得无所不知，无所不能。不是一边的迷信破了，一边的迷信又起么？欧洲所有各科的学问，日本人学了一科，到底能否登峰造极？没有欧洲的学者来对质，总不能破。就有欧洲的学者要来对质，不识得日本字，也难得破。至于中国的各种学问，日本的深浅，兄弟已经略略看得明白了。现在不必揭他人的短处，只说诸君回去施教，若信了日本的语，就要防防学生的伏兵。且看中国历史一项，一部《纲鉴易知录》，向来中国略读书的人，是看得最浅陋的，但到这边来听的历史，一部《支那通史》，翻来复去，缭绕了许多，比《易知录》更加浅陋。学校以外，就有几个讲历史的人，只记得一点儿事迹，许多正史的书志，早已抛在九霄云外，并不是专忘记细碎，连大端也实在不讲。万一学生看过《资治通鉴》，或者又看过几卷志，问出一句话来，先生不晓得，恐怕只好说："你在《图书集成》《册府元龟》里头翻来的僻事，哪里能够记得许多！"过了一会，学生就拿这部原书，折了一只角，放在先生案上，岂不是过着伏兵，没有处躲闪么？中国的地理，本来有许多沿革，有一位什么博士，把湖北杨惺吾做的《沿革图》抄去，改头换面，变为自己的著作，称为《支那疆域沿革图》，已经好笑了，还有那边画的中国地图，一省里头，胪列（编者注：罗列；列举）了许多府，却是缺了一两府；一府里头胪列了许多县，却是缺了一两县。所缺的府县，并不是于形势上无关紧要；所列的府县，又不是于形势上最关紧要，不过那边画图的人，精神错乱，偶然忘了。万一学生来问，某省的某府，某府的某县，现在在什么方位？古来叫什么名字？请问怎么样答对呢！只好说："恐怕没有这一府，这一县，是你随口编造。"那个时候，学生取出中国自造的地图来对质，不是又遇了伏兵，到辙乱旗靡的地位么？中国的哲学，近的是宋明理学，远的是周末九流，近来那边人，也略略把周末九流随口讲讲。有一位什么博士，做一部《支那哲学史》，把九流的话，随意敷衍几句，只像《西游记》说的猪八戒，吃人参果，没有嚼着味，就囫囵吞下去。那边的人，自己有一句掩饰的话，说我们看汉土的书籍，只求他的义，不求他的文。这句话只好骗骗小孩儿。仔细说来，读别国的书，不懂他的文，断不能懂他的义。假如有人不懂德国文字，说我深懂得康德的哲学，这句话还入耳么？说是这样说，到底掩饰不过去。那位博士，不知不觉把《史记》里头"士为知己死"一句话，引做《论语》的话了。若是相信了这位博士

第五章
如何从读书求学中获取真智慧

的话，回去施教，学生随便举一句古书，问先生在哪一部书？先生就不免对错。到后来学生取出《史记》《论语》来对校，说这句话，果在《史记》上，并不在《论语》上，我想先生只好说日本的《古本论语》，还在《汉石经》《唐石经》以前。有这句话，岂不是又遇着一路伏兵，把先生的脚都陷了下去么？中国的文法，本来句句顺的；那边的文法，是颠倒的居多。所以那边几个大儒，做了几百年的汉文，文理总不很通。宋朝以后的文章，还勉强看得下去，唐朝以前的文章，就看不下去。他自己说：只求义不求文，倒也罢了！却有一个什么学士，自出心裁，做了一册《汉文典》，硬用那边的文法，来强派中国的文法，有一大半不通。本来中国有一部《马氏文通》，做得颇好。近来有人说马氏的书旧了，倒是这位学士的好。唉！真是好笑。别的有新旧，文字的通不通，也有新旧么？中国沿海的人，已经迷信了，只望内地的人和日本留学生纠正几分。假如不能纠正，反用了那学士的书做文法参考书，自己的文章，也必定变做不通，何况去教学生？万一学生看了先生的文章，在墙背后指天画地地笑，先生怎么能够自己解说？恐怕只好说："现在的新文法，要不通才算通。"岂不是又遇了一路伏兵，使先生进退无门么？唉！真是苦！学生的伏兵很多，先生的军备很少！在中国做先生，不像日本做先生的容易：一边是学生程度已经整齐，一边是学生程度还没有整齐。入京师大学的，或者只有入得小学校的程度；入小学中学的，或者也有入得大学校高等学校的程度。先生的知识，要百倍于教科书，十倍于学生，方才支持得下。（为什么比教科书要高百倍？比学生只要高十倍呢？因为学生的知识，颇有在教科书之上的。）不然，就一生要吃苦了！（这句话，也并不专为应对学生起见，其实自己本来应该要有这种知识。）问这个苦是谁给你吃的？也怪不得日本教习，只怪自己迷信。兄弟近来有几句话，使许多人解一解迷信。什么话呢？说日本人学欧洲的学问，第一是从欧洲人那边直接受来的，第二是懂得语言文字以后，再去研究的，第三是分科学习，不混在一起的，所以破绽还少。对着中国学问就不然。一向是不从中国学者亲受，也不学中国语言文字，也不知分科去求，所以做了一千多年的大梦，至今没有醒悟。还有许多自己不懂，向横滨、长崎的商人去问（这是二十年以前的事）。还有几个江湖游客，捏造许多古事古迹来，有意诳骗他们。以前是这边骗那边人，现在那边受了这边人的骗，又转来骗这边人。假如诸君见着几个商人游客，想来总不把学问的话去请教他。现在转了一个小湾，倒不知不觉入其玄中，自己想想，好笑不好笑？得了这一声笑，迷信自然瓦解冰消了。以上单说关于中国的学问，若关于欧洲的学问，想来必有破绽，且等欧洲人来破。

　　各种的迷信都破了！在求学上也有益，在施教上也有益。不过学问既然为求智慧，得了前人已成的学问，不可将就歇手；将就歇手，自己仍没有自己的心得。要知道知识与道德，原是不同：道德或者有止境，知识总是没有止境。以前的人，积了几千年的知识，后人得了这个现成，又发生自己的知识来，就比前人进了一级。现在看当时的后人，又是前人，应该要比他更进一级，学问才得新新不已。兄弟这句话，不是教人舍旧谋新，只是教人温故知新。大概看前人已成的书，彷佛（编者注：仿佛）是借钱一样，借了来，会做买卖，赢得许多利息，本钱虽则要还债主，赢利是自己所有。若不会做买卖，把借来的钱，死屯在窖子里头，后来钱还是要还债主，自己却没有一个赢余。那么就求了一千年的学，施了一千年的教，一千年后的见解，还是和一千年前一样，终究是向别人借来的，何曾有一分自己的呢！如果说自己没有，只好向别国去求，别国的学问，或者可以向别国去求，本国的学问，也能向别国去求么？就是别国的学问得了来，还是借来的钱，必要想法子，去求赢利，才得归自己享用。若只是向别国去求呢，中国人没有进境，去问欧洲人，欧洲人没有进境，又去问什么洲的人呢！诸君现在所驻的这一国，他本来自己没有学问，所以只向别国去求，求得了以后，也不想再比那国的人更高，原是这一国的旧习使然。所以欧洲人好比写信的人，这一国的学生，好比接信的人，这一国的博士、学士，好比邮便局（编者注：邮政局的旧称）送信的人。到学生成就了，学生又做第二个送信的人，总是在送信的地位，没有在写信的地位。中国就不然，自己本来有自己的学问，只见一天精密一天，就是采取别国，也都能够转进一层。且看中国得欧洲的学问，以前只有算法一项，徐光启送信以后，梅定九又能够自己写信，李壬叔、华若汀先做送信的人，后来又能够做写信的人。只望将来各项学问，都到写信的地位，那个求学施教的事，才得圆满呢！临了还要说一句话，书籍不过是学问的一项，真求学的，还要靠书籍以外的经验。学校不过是教育的一部，真施教的，还要靠学问以外的灌输。现在只论施教的事，假如诸君知识，果然极高，在近来学校里头，能够不能够施展呢？恐怕不能！因为学校不论在公在私，都受学部管辖，硬要依着学部的章程，在外又还要受提学使（编者注：官名，清末省级教育行政长官）的监督。学部和提学使，果然自己有一件专长的学问，倒也罢了，但现在学部是什么人？看来不过是几个八股先生。各省的提学使，是什么人？看来不过是几个斗方名士。章程也不能定得好，监督也不能得当，不过使有知识的教习，不能施展，反便宜了无知识的教习，去误一班学生。况且现在教习，对着提学使，隐隐约约有上司下属的名分，可不是和老教官一样么？别国虽然也有这一个风气，原不能说是好制度。中国向来教官只是个虚名，实在施教的，还是书院里头的掌教。掌教一来不归礼部管辖，二来不是学政和地方官的属员，体统略高一点。所以有学问的人，还肯去做。如果照现在的制度，知识高的人，反做知识短浅的人的属员，看甘心不甘心呢？或者为了饭碗，也甘心了。但临了必有许多后悔。且看四川有位廖季平，经学是很有独得的。（廖季平的经学，荒谬处非常多，独得也很不少。在兄弟可以批评他，别人恐怕没有批评他的资格。）屈意去做高等学校的教习，偶然精神错乱，说了几句荒谬的话，那个提学使和他向来有恨，就把他赶走了。外边颇说提学使不是，兄弟看来，谁教这位季平先生屈意去做提学使的属员？直到赶走，悔之无及，倒是这位季平先生，自取其咎。假如诸君有一科的学问，和廖季平的经学，有一样的程度，愿诸君再不要蹈廖季平的覆辙吧！诸君如果说，师范学生，受了官费，不得不尽义务；就不是师范学生,要寻饭碗,又怎么样呢?兄弟替诸君想一个法子。一面不妨充当教习,一面可以设个学会。学会不受学部的管辖,也不受提学使的监督,可以把最高的知识,灌输进去。后来有高深知识的愈多,又可以再灌输到学校去。这句话,并不是兄弟有意看轻学校。不过看中国几千年的历史,在官所教的,总是不好;民间自己所教的,却总是好。又向旁边去看欧洲各国,虽然立了学校,高深的知识,总在学校以外,渐渐灌输进去。学校也就带几分学会的性质,方得有好结果。大概学校彷佛是个陂塘,专靠陂塘,水总不免要干,必得外边有长江大河,展转灌输,陂塘才可以永久不涸。所以说学校不过是教育的一部。求学校的进步,必定靠着学校以外的东西。假如诸君又专去迷信学校,兄弟的话,也就无可说了!

(本文原载《教育今语杂志》第 4 册,后收入吴齐仁 1921 年 1 月辑纂的《章太炎的白话文》)

# 读书忌

文 / 鲁迅

记得中国的医书中，常常记载着"食忌"，就是说，某两种食物同食，是于人有害，或者足以杀人的，例如葱与蜜，蟹与柿子，落花生与王瓜之类。但是否真实，却无从知道，因为我从未听见有人实验过。

读书也有"忌"，不过与"食忌"稍不同。这就是某一类书决不能和某一类书同看，否则两者中之一必被克杀，或者至少使读者反而发生愤怒。例如现在正在盛行提倡的明人小品，有些篇的确是空灵的。枕边厕上，车里舟中，这真是一种极好的消遣品。然而先要读者的心里空空洞洞，混混茫茫。假如曾经看过《明季稗史》，《痛史》，或者明末遗民的著作，那结果可就不同了，这两者一定要打起仗来，非打杀其一不止。我自以为因此很了解了那些憎恶明人小品的论者的心情。

这几天偶然看见一部屈大均的《翁山文外》，其中有一篇戊申（即清康熙七年）八月做的《自代北入京记》。他的文笔，岂在中郎（编者注：这里指袁宏道，字中郎，明代文学家）之下呢？

可是很有些地方是极有重量的，抄几句在这里——

"……沿河行，或渡或否。往往见西夷毡帐，高低不一，所谓穹庐连属，如冈如阜者。男妇皆蒙古语；有卖干湿酪者，羊马者，牦皮者，卧两骆驼中者，坐奚车者，不鞍而骑者，三两而行，被戒衣，或红或黄，持小铁轮，念《金刚秽咒》者。其首顶一柳筐，以盛马粪及木炭者，则皆中华女子。皆盘头跣足，垢面，反被毛袄。人与牛羊相枕藉，腥臊之气，百余里不绝。……"

我想，如果看过这样的文章，想象过这样的情景，又没有完全忘记，那么，虽是中郎的《广庄》或《瓶史》，也断不能洗清积愤的，而且还要增加愤怒。因为这实在比中郎时代的他们互相标榜还要坏，他们还没有经历过扬州十日、嘉定三屠！

明人小品，好的；语录体也不坏，但我看《明季稗史》之类和明末遗民的作品却实在还要好，现在也正到了标点，翻印的时候了：给大家来清醒一下。

（本文署名为焉于，原载1934年11月29日《中华日报·动向》，后收入杂文集《花边文学》）

# 选择与鉴别

文 / 老舍

吃东西要有选择：吃有营养的，不吃有毒的。

对精神食粮也必须选择：好书，开卷有益；坏书，开卷有害，可能有很大的害。

在旧社会里，有些人以编写坏书或贩卖坏书为职业。有不少青年受了骗，因为看坏书而损害了身体，或道德败落，变成坏人。今天，我们还该随时警惕，不要随便抓起一本书就看，那会误中毒害。至于故意去找残余的坏书阅读，简直是自暴自弃的表现，今日的青年一定知道不该这么作。

特别应当注意选择文艺作品。有的人管小说什么的叫作闲书，并且以为随便看看闲书不会有什么害处。这不对。"闲书"可能有很大的危害。旧日的坏书多数是利用小说等文学形式写成的，只为生意兴隆，不管害人多少。我们千万不可上当。

俗话说：老不读《三国》，少不看《水浒》。这并不是说《三国》与《水浒》不好，而是说它们有很强的感染力，能够左右读者的思想感情，去摹仿书中人物。确是这样，一部好小说会使读

第五章
如何从读书求学中获取真智慧

者志气昂扬，力争上游；一部坏小说会使读者志气消沉，腐化堕落。留点神吧，别采取看闲书的态度，信手拾来，随便消遣。看坏书如同吸鸦片烟，会使人上瘾，越吸越爱吸，也就受毒越深。

还有一种书，荒诞无稽，也足以使人——特别是青年与少年，异想天开，作出荒唐的事来。如剑侠小说。我们从前不是听说过么：十四五岁的中学生因读剑侠小说而逃出学校，到深山古洞去访什么老祖或圣母，学习飞剑杀人，呼风唤雨等等本领。结果呢，既荒废了学业，也没找到什么老祖或圣母——世界上从来没有过什么老祖和圣母啊！使人不务正业，而去求仙修道，难道不是害处么？

怎么选择呢？不需要开一张书目，这么办就行：要看，就先看当代的好作品。我们的确有许多好小说，好剧本，好诗集，好文学刊物，好革命回忆录……。为什么不看这些，而单找些无聊的东西浪费时光，或有害的东西自寻苦恼呢？生活在今天，就应当关心今天的国家建设与革命事业的大事，而我们这几年出版的好作品恰好是反映这些的。它们既足以使我们受到鼓舞，争取进步，又能获得艺术上的享受，有多么好呢！

或者有人说：新的作品读起来费力，不如某些剑侠小说、言情小说、公案小说等等那么简单省劲儿。首先就该矫正这个看法。在我自己的少年时期，最先接触到的就是《施公案》一类的小说。到二十岁左右，我才看到新小说。读了几本新小说之后，再拿起《施公案》来看，便看不下去了。从内容上说，新小说里所反映的正是我迫切要知道的，《施公案》没有这样的亲切。从文笔上说，新小说中有许多是艺术作品，而《施公案》没有这样的水平。新小说唤醒我对社会的关切，提高了我的文艺欣赏力。我没法子再喜爱《施公案》。后来，我自己也学习写小说，走的是新小说的路子，不是《施公案》的路子。不怕不识货，就怕货比货。比一比就知道谁高谁低了。我相信，谁都一样：念过几本新作品，就会放弃了《施公案》。

一个研究文学的人，自然要广为阅览，以便分析比较。但是，这是专家的工作，一般人不宜借口要博阅广见而一视同仁，不辨好坏，抓住什么读什么。

现代题材的作品读了不少以后，再去看古典作品，就比较妥当。因为，若是一开始就读古典作品，心中没有底，不会鉴别，往往就容易发生误解，以为古典作品中的英雄人物，不管是十八世纪的，还是十九世纪的，都是模范，值得效仿。这一定会出毛病。不论多么伟大的作家也没有一眼看到几百年后的本领。他的成功是塑造了他的时代的典型人物。但这只是那个时代的典型人物，并不足以典范千古。即使这个人物是正面的人物，是好人，他也必然带着他那个时代必不可免的缺点，不应该也不可能成为我们的模范。是呀，一个十八世纪的人怎会能够成为社会主义建设者呢？正面人物尚且如此，何况那反面人物呢？

阅读古典作品而受到感动是当然的，这正好证明古典作品之所以为古典作品，具有不朽的价值。但是，因受感动而去摹仿书中人物的行为就是另一回事了。这证明读者没有鉴别的能力，糊糊涂涂地作了古代作品的俘虏。

## 第五章
### 如何从读书求学中获取真智慧

我们能够从古典的杰作了解到某一个历史时期的男女是怎么生活着的，明白一些他们的思想感情，志愿与理想，遭遇与成败。小说等文艺作品虽然不是历史，却足以帮助我们明白些历史的发展，使我们通达，因而也就更爱我们自己的时代与社会。我们的社会制度是最进步的制度，我们的社会现实曾经是多少前哲的理想。以古比今，我们感到幸福，从而意气风发，去建设我们的社会主义。我们读过的现代好作品帮助我们认清我们的社会，鼓舞我们努力建设社会主义的雄心壮志。有了这个底子，再看古典作品，我们就有了鉴别力，叫古为今用，不叫今为古用，去作古书的俘虏。假若我们看了《红楼梦》，而不可怜那悲剧中的贾宝玉与林黛玉，不觉得我们自己是多么幸福，反倒去羡慕"大观园"中的腐烂生活，就是既没有了解《红楼梦》，也忘了自己是什么时代的人。这不仅荒唐可笑，而且会使个人消沉或堕落，使个人在社会主义建设工作上受到损失。这个害处可真不小！历史是向前进的，人也得往前走，不应后退！……我们的《红楼梦》里的生活是健康的，愉快的，民主的，创造的，不会有以泪洗面的林黛玉，也不会有"大观园"中的一切乱七八糟。假若不幸有个林黛玉型的姑娘出现，我们必然会热诚地帮助她，叫她坚强起来，积极地从事生产，不再动不动地就掉眼泪。假若她是因老读《红楼梦》而学会多愁善病的，我们就会劝她读读《刘胡兰》，看看新电影，叫她先认清现代青年的责任是什么，切莫糊糊涂涂地糟蹋了自己。

有选择就不至于浪费时间或遭受毒害。

有鉴别就不会认错了时代，盲目崇拜古书，错误地摹仿前人，使自己不向前进，而往后退。

在这里，我主要地谈到文艺作品，因为阅读文艺作品而不加选择与鉴别，最容易使人受害。我并没有验看别种著作，说别种著作不需要选择与鉴别的意思，请勿误会。

（本文副标题为"怎样阅读文艺书籍"，原载1961年1月11日《解放军战士》第1期。略有改动）

# 储蓄思想

文 / 老舍

我真不愿把文艺说成什么神秘的东西,可是赶到人家问我怎样写作,我又往往不能痛痛快快地,像二加二等于四那样地,给人家几句简单而有用的话。这使我非常的苦痛。你看,我的确是写过了不少东西,可是我没有胆量声明我的成绩有什么了不起之处。我只能说我是在不断地学习。那么,你向一个文艺学徒问长问短,也就难怪我说不出所以然来了。

对,我只好告诉你,你须先学习吧。假若你肯用心学习,我想你不久就能赶过我去。文艺并不是几个天才者的专利品,谁肯学习谁就能生产一些"文货"。

怎样学习呢?这,又是个不好回答的问题。戏法人人会变,各有巧妙不同。有许多不同的路子都可以走到"文艺之家"的门前。现在,我只能就个人的经历作个简单的报告,供作参考而已。

要学习文艺,切勿专在文艺作品上打转儿。你要先有一些思想。真的,文艺作品不专仗着思想支持着,正像一个美人不能专仗脸子好而可以不要骨头不要肉那样。可是,文艺的最大的使命是发扬真理，怎可不先由思想入手呢？想想看，一个没有思想的人，也就不辨是非，不关心人类的生活合理不合理，那么，他怎能有正义感，怎能选择什么值得说，什么是废话呢？因此，你要储蓄思想。用思想作你的眼睛，去看，去分析，去判断，而后你才能找到你以为值得说的话。假若你以为某几句话值得说，非说不可，你必会把你的感情激动起来，设法用最足以动人的形式把它说出来。思想是花朵，感情是色与香。自然，一个富于感情的人，未必有高深的思想；一个有思想的人，又未必有深厚的感情。可是，预备做一个文艺家，你就非由思想上发泄你的感情不可，因为你若糊里糊涂，专凭感情的奔放去写作，你所给人家的也许只是一些伤感或成见；你可以成为一个风流才子，专用感情写出"红是相思绿是愁"，和"不住温柔住何乡"那样的聪明的句子，可是与人生大道理有什么关系呢？你是当代的人，你应当先关切当代人类的苦难与幸福。只有感情而没有思想，你便只会关心你自己，把你的一点小小的折磨与苦痛说到天么么大，而与旁人无关。风流才子，你要知道，是摩登世界人类的渣滓呀！

不过，你可也要记住，储蓄思想便是储蓄炸药，它也会炸死你自己，为安全计，你顶好躲它远些。思想与苦痛永远紧紧相随，因为一般的人不喜欢用他们的脑子，所以看别人一用脑子便吓一跳，而想把那个怪物用砖头打杀。你要准备吃砖头。

是的，文艺不专仗思想支持着，可是你若专从文字或感情上入手，你便很自然地只会制造些小玩意儿，花呀儿呀的哭哭啼啼，而不敢正眼看社会与世界；尽管文学与感情也是文艺中的重要构成分子。

再说，储蓄了思想，虽不能成功一个文艺者，你还不失为一个有头脑的人。若只要弄耍弄文字，发泄发泄小小的牢骚，则不但不能成为伟大的文艺家，或者还把你自己毁掉——风流才子不往往是废物么？

有了思想，你该再注意世态。思想是抽象的，空洞的；世态是具体的，实在的。用你的思想去分析世态，而后你才会从浮动的人生中找到了脉络，才会找到病源。这样，你才能明白思想并不是死东西，而是在人们的心理与世态中隐藏着的。你须在若隐若现之中把它找出来，正像医生由病人的脸上发烧而窥见了肺部的隐病。你须描写世态，而描写世态，正可以传播思想。所谓具体的描写并非照相，而是以态寄意。

有了思想，你才会知道文字不仅是字与字的联缀，而是逻辑的推断。糊涂的句子是糊涂人的声音。你一点也不要忽略了文字的重要，但是你更不应忽略了文字的根源——思想。你一点也不要忽略了感情的重要，但是你须先辨明哪是值得说的，哪是不值得说的，若给不值得一说的加上华美的外饰与感情，你便是骗人，便是变戏法，而不是制作文艺。

关于思想的重要已说了不少，就此打住，等有工夫再说别的吧。

（本文原载 1945 年 1 月 20 日《文艺先锋》第 6 卷第 1 期）

# 第六章
## 中国人如何读中国书

中国学问界,是千年未开的矿穴。矿苗异常丰富。但非我们亲自绞脑筋绞汗水,却开不出来。翻过来看,只要你绞一分脑筋一分汗水,当然还你一分成绩,所以有趣。

# 治国学杂话

文 / 梁启超

学生做课外学问,最必要的。若只求讲堂上功课及格,便算完事,那么,你进学校,只是求文凭,并不是求学问。你的人格,先已不可问了。再者,此类人一定没有"自发"的能力,不特不能成为一个学者,亦断不能成为社会上治事领袖人才。

课外学问,自然不专指读书:如试验,如观察自然界,……都是极好的。但读课外书,至少要算课外学问的主要部分。

一个人总要养成读书趣味。打算做专门学者,固然要如此。打算做事业家,也要如此。因为我们在工厂里在公司里在议院里在……里做完一天的工作出来之后,随时立刻可以得着愉快的伴侣,莫过于书籍,莫便于书籍。

但是将来这种愉快得着得不着,大概是在学校时代已经决定。因为必须养成读书习惯,才能尝着读书趣味。人生一世的习惯,出了学校门限,已经铁铸成了。所以在学校中不读课外书以养成自己自动的读书习惯,这个人简直是自己剥夺自己终身的幸福。

读书自然不限于读中国书。但中国人对于中国书,至少也该

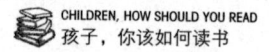

和外国书作平等待遇。你这样待遇他，他给回你的愉快报酬，最少也和读外国书所得的有同等分量。

中国书没有整理过，十分难读，这是人人公认的。但会做学问的人，觉得趣味就在这一点。吃现成饭，是最没有意思的事，是最没有出息的人才喜欢的。一种学问，被别人做完了，四平八正的编成教科书样子给我读，读去自然是毫不费力。但从这不费力上头，结果便令我的心思不细致不刻入。专门喜欢读这类书的人，久而久之，会把自己创作的才能汩没哩。在纽约、芝加哥笔直的马路、崭新的洋房里舒舒服服混一世，这个人一定是过的毫无意味的平庸生活。若要过有意味的生活，须是哥伦布初到美洲时。

中国学问界，是千年未开的矿穴。矿苗异常丰富。但非我们亲自绞脑筋绞汗水，却开不出来。翻过来看，只要你绞一分脑筋一分汗水，当然还你一分成绩，所以有趣。

所谓中国学问界的矿苗，当然不专指书籍。自然界和社会实况，都是极重要的。但书籍为保存过去原料之一种宝库，且可以为现在实测各方面之引线。就这点看来，我们对于书籍之浩瀚，应该欢喜感谢它，不应该厌恶它。因为我们的事业比方要开工厂，原料的供给，自然是越丰富越好。

读中国书，自然像披沙拣金，沙多金少。但我们若把它作原料看待，有时寻常人认为极无用的书籍和语句，也许有大功用。须知工厂种类多着呢，一个厂里头还有许多副产物哩。何止金有用，沙也有用。

# 第六章
## 中国人如何读中国书

若问读书方法，我想向诸君上一个条陈：这方法是极陈旧的，极笨极麻烦的。然而实在是极必要的。什么方法呢？是钞录或笔记。

我们读一部名著，看见他征引那么繁博，分析那么细密，动辄伸着舌头说道：这个人不知有多大记忆力，记得许多东西，这是他的特别天才，我们不能学步了。其实哪里有这回事。好记性的人不见得便有智慧，有智慧的人比较的倒是记性不甚好。你所看见者是他发表出来的成果，不知他这成果原是从铢积寸累、困知勉行得来。大抵凡一个大学者平日用功，总是有无数小册子或单纸片，读书看见一段资料觉其有用者，立刻钞下。（短的钞全文，长的摘要记书名卷数页数。）资料渐渐积得丰富，再用眼光来整理分析他，便成为一篇名著。想看这种痕迹，读赵瓯北的《二十二史札记》，陈兰甫的《东塾读书记》，最容易看出来。

这种工作，笨是笨极了，苦是苦极了。但真正做学问的人，总离不了这条路。做动植物的人，懒得采集标本，说他会有新发明，天下怕没有这种便宜事。

发明的最初动机在注意。钞书便是促醒注意及继续保存注意的最好方法。当读一书时，忽然感觉这一段资料可注意，把它钞下，这件资料，自然有一微微的印象印入脑中，和滑眼看过不同。经过这一番后，过些时碰着第二个资料和这个有关系的，又把它钞下，那注意便加浓一度。经过几次之后，每翻一书，遇有这项资料，便活跳在纸上，不必劳神费力去找了。这是我多年经验得来的实况。诸君试拿一年工夫去试试，当知我不说谎。

先辈每教人不可轻言著述。因为未成熟的见解公布出来，会自误误人，这原是不错的。但青年学生"斐然当述作之誉"，也是实际上鞭策学问的一种妙用。譬如同是读《文献通考》的《钱币考》和各史《食货志》中钱币项下各文，泛泛读去，没有什么所得。倘若你一面读一面便打主意做一篇《中国货币沿革考》，这篇考做得好不好另一问题，你所读的自然加几倍受用了。譬如同读一部《荀子》，某甲泛泛读去，某乙一面读一面打主意做部《荀子学案》，读过之后，两个人的印象深浅，自然不同。所以我很奖励青年好著书的习惯。至于著的书，拿不拿给人看，什么时候才认做成功，这还不是你的自由吗？

每日所读之书，最好分两类，一类是精熟的，一类是涉览的。因为我们一面要养成读书心细的习惯，一面要养成读书眼快的习惯。心不细则毫无所得，等于白读；眼不快则时候不够用，不能博搜资料。诸经、诸子、四史、《通鉴》等书，宜入精读之部，每日指定某时刻读它，读时一字不放过，读完一部才读别部。想钞录的随读随钞。另外指出一时刻，随意涉览。觉得有趣，注意细看；觉得无趣，便翻次页。遇有想钞录的，也俟读完再钞，当时勿窒其机。

诸君勿因初读中国书勤劳大而结果少，便生退悔。因为我们读书，并不是专向现时所读这一本书里头现钱现货的得多少报酬。最要紧的是涵养成好读书的习惯和磨炼出善读书的脑力。青年期所读各书，不外借来做达这两个目的的梯子。我所说的前提倘若不错，则读外国书和读中国书当然都各有益处。外国名著，组织得好，易引起趣味；它的研究方法，整整齐齐摆出来，可以做我们模范；这是好处。我们滑眼读去，容易变成享现成福的少爷们，不知甘苦来历，这是坏处。中国书未经整理，一读便是一个闷头棍，每每打断趣味，这是坏处。逼着你披荆斩棘，寻路来走，或者走许多冤枉路，（只要走路断无冤枉，走错了回头，便是绝好教训。）从甘苦阅历中磨炼出智慧，得苦尽甘来的趣味，那智慧和趣味却最真切。这是好处。

还有一件：我在前项书目表中，有好几处写"希望熟读成诵"字样。我想诸君或者以为甚难，也许反对说我顽旧。但我有我的意思，我并不是奖励人勉强记忆。我所希望熟读成诵的有两种类：一种类是最有价值的文学作品；一种类是有益身心的格言。好文学是涵养情趣的工具。做一个民族的分子，总须对于本民族的好文学十分领略。能熟读成诵，才在我们的"下意识"里头，得着根柢，不知不觉会"发酵"。有益身心的圣哲格言，一部分久已在我们全社会上形成共同意识。我既做这社会的分子，总要彻底了解它，才不至和共同意识生隔阂。一方面我们应事接物时候，常常仗它给我们的光明。要平日摩得熟，临时才得着用。我所以有些书希望熟读成诵者在此，但亦不过一种格外希望而已，并不谓非如此不可。

最后，我还专向清华同学诸君说几句话，我希望诸君对于国学的修养比旁的学校学生格外加功。诸君受社会恩惠，是比别人独优的。诸君将来在全社会上一定占势力，是眼看得见的。诸君回国之后，对于中国文化有无贡献，便是诸君功罪的标准。饶你

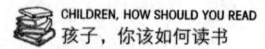

学成一位天字第一号形神毕肖的美国学者，只怕于中国文化没有多少影响。若这样便有影响，我们把美国蓝眼睛的大博士抬一百几十位来便够了，又何必诸君呢？诸君须要牢牢记着你不是美国学生，是中国留学生。如何才配叫作中国留学生，请你自己打主意吧。

（本文原载 1923 年 5 月 11 日《清华周刊》第 281 期《书报介绍附刊》第 3 期，后收入《饮冰室合集·专集》）

# 我青年时代的读书生活

文 / 蔡元培

我五岁零一个月（旧法算是六岁）就进家塾读书，初读的是《百家姓》《千字文》《神童诗》等，后来就读《大学》《中庸》《论语》《孟子》等四书，最后读《诗经》《书经》《周易》《小戴礼记》《春秋左氏传》。当我读《礼记》（《小戴礼记》的省称）与《左传》（《春秋左氏传》之省称）的时候，我十三岁，已经学作八股文了。那时我的业师，是一位老秀才王子庄先生。先生博览明清两朝的八股文，常常讲点八股文家的故事，尤佩服吕晚村先生，把曾静案也曾详细地讲过。先生也常看宋明儒的书，讲点朱陆异同（编者注：南宋朱熹和陆九渊在学术思想上的异同），最佩服的是刘蕺山先生（编者注：即刘宗周，明末理学家），所以自号"仰蕺山房"。先生好碑帖，曾看《金石萃编》等书。有一日，先生对一位朋友，念了"你半推半就，我又惊又爱"两句话，有一位年纪大一点的同学，笑着说："先生念了《西厢》的淫词了。"先生自己虽随便看书，而对于我们未成秀才的学生，除经书外，却不许乱看书。有一日，我借得一本《三

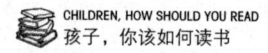

国志演义》,看了几页,先生看见了,说:"看不得,陈寿《三国志》,你们现在尚不可看,况且《演义》里边所叙的事,真伪参半,不看为妙。"有一日,我借到一本《战国策》,也说看不得。先生的意思,我们学作小题文时,用字都要出于经书;若把《战国策》一类书中的词句用进去,一定不为考官所取。所以那时我们读书为考试起见,即如《礼记》里面关乎丧礼的各篇各节,都删去不读,因为试官均有忌讳,决不出丧礼的题目;这样的读书,照现代眼光看来,真有点可怪了。我十六岁,考取了秀才,我从此不再到王先生处受业,而自由读书了。那时我还没有购书的财力,幸而我第六个叔父茗珊先生有点藏书,我可以随时借读,于是我除补读《仪礼》《周礼》《春秋公羊传》《谷梁传》《大戴礼记》等经外,凡关于考据或词章的书,随意检读,其中最得益的,为下列各书:

一、**朱骏声氏《说文通训定声》**。清儒治《说文》最勤,如桂馥氏《说文义证》,王筠氏《说文句读及释例》,均为《说文》本书而作;段玉裁氏《说文解字注》,已兼顾本书与解经两方面,只有朱氏,是专从解经方面尽力。朱氏以引申为转注,当然不合,但每一个字,都从本义、引申、假借三方面举出例证,又设为托名标帜,与各类连语等词类,不但可以纠正唐李阳冰、宋王安石等只知会意不知谐声的错误,而且于许慎氏所采的阴阳家言如对于天干、地支与数目的解说,悉加以合理的更正。而字的排列,以所从的声相联,字的分部以古韵为准,检阅最为方便。我所不很满意的,是他的某假为某,大半以臆见定之。我尝欲搜集经传

第六章
中国人如何读中国书

中声近相通的例证，替他补充，未能成书，但我所得于此书的益处，已不少了。

二、章学诚氏《文史通义》。章先生这部书里面，对于搭空架子、抄旧话头的不清真的文弊，指摘很详。对于史法，主张先有极繁博的长编，而后可以有圆神的正史。又主张史籍中人地名等均应有详细的检目，以备参考。我在二十余岁时，曾约朋友数人，试编二十四史检目（未成书）；后来兼长国史馆时，亦曾指定编辑员数人试编此种检目（亦未成书），都是受章先生影响的。

三、俞正燮氏《癸巳类稿》及《癸巳存稿》。俞先生此书，对于诂训、掌故、地理、天文、医学、术数、释典、方言，都有详博的考证。对于不近人情的记述，常用幽默的语调反对他们，读了觉得有趣得很。俞先生认一时代有一时代的见解与推想，不可以后人的见解与推想去追改他们，天算（编者注：天文历算的简称）与声韵，此例最显，这就是现在胡适之、顾颉刚诸先生的读史法。自《易经》时代以至于清儒朴学时代，都守着男尊女卑的成见，即偶有一二文人，稍稍为女子鸣不平，总也含有玩弄等的意味。俞先生作《女子称谓贵重》《姬姨》《娣姒义》《妒非女人恶德论》《女》《释小补楚语笄内则总角义》《女吊婿驳义》《贞女说》《亳州志木兰事书后》《尼庵议》《鲁二女》《息夫人未言义》《书旧五代史僭伪列传后》《易安居士事辑》《书旧唐书舆服志后》《除乐户丐户籍及女乐考附古事》《家妓官妓旧事》等篇，从各方面证明男女平等的理想。《贞女说》篇谓："男儿以忠义自责则可耳,妇女贞烈,岂是男子荣耀也?"《家妓官妓旧事》篇,斥杨诚斋(编者注:即杨万里,字廷秀,学者称诚斋先生。南宋诗人)黥(编者注:古代一种刑罚,在犯人脸上刻字并用墨染黑)妓面,孟之经文妓鬓为"虐无告",诚是"仁人之言"。我至今还觉得有表彰的必要。我青年时代所喜读的书,虽不止这三部,但是这三部是我深受影响的,所以提出来说一说。

(原载 1936 年 7 月 4 日《读书生活》第 2 卷第 6 期)

# 古为今用

文 / 老舍

我们都愿意学习点古典文学，以便继承民族传统，推陈出新。在学习中，恐怕我们都可能有这样的经验：一接触了古典著作，我们首先就被著作中的文字之美吸引住，颇愿学上一学。那么，这篇短文就专谈谈从古典著作中学习文字的问题，不多说别的。

文字平庸是个毛病。为医治这个毛病，读些古典文学著作是大有好处的。可是，也有的人正因为读了些古典作品，而文字反倒更平庸了。这是怎么一回事呢？大概是这样：阅读了一些古典诗文，不由地就想借用一些词汇，给自己的笔墨添些色彩。于是，词汇较为丰富了，可是文笔反倒更显着平庸，因为说到什么都有个人云亦云的形容词，大雨必是滂沱的，火光必是熊熊的，溪流必是潺潺的……。这样穿戴着借来的衣帽的文章是很难得出色的。

在另一方面，我们今天的文学工具是白话，不是文言。古典诗文呢，大都用文言，不用白话（《水浒》《红楼梦》等是例外）。那么，由文言诗文借来的词汇，怎样天衣无缝地和白话结合在一处，实在不是一件容易的事。二者结合得不好，必会露出生拉硬扯的痕迹，有损于文章气势的通畅。

因此，我想学习古典文学的文字不应只图多识几个字，多会用几个字，更重要的是由学习中看清楚文学是与创造分不开的。尽管我们专谈文字的运用，也须注意及此。我们一想起韩愈与苏轼，马上也就想起"韩潮苏海"（编者注：指唐朝韩愈和宋朝苏轼的文章气势磅礴，如海如潮）来。这说明我们尊重二家，不因他们的笔墨相同，而因他们各有独创的风格。我们对李白与杜甫的尊重，也是因为他们的光芒虽皆万丈，而又各有千秋。

多识几个字和多会用几个字是有好处的。不过，这个好处很有限，它不会使我们深刻地了解如何创造性地运用文字。本来嘛，不管我们怎样精研古典文学，我们自己写作的工具还是白话——写旧体诗词是例外。这样，我们的学习不能不是摸一摸前人运用文字的底，把前人的巧妙用到我们自己的创作里来。这就是说，我们要求自己以古典文字的神髓来创造新的民族风格，使我们的文字既有民族风格，又有时代的特色。我们的责任绝对不限于借用几个古雅的词汇。是的，我们须创造自己的文字风格。

因此，我们不要专看前人用了什么字，而更须留心细看他们怎样用字。让我们看看《文心雕龙》里的这几句吧："夫神思方运，万涂竞萌；规矩虚位，刻镂无形，登山则情满于山，观海则意溢于海。我才之多少，将与风云而并驱矣！方其搦翰，气倍辞前；暨乎篇成，半折心始。何则？意翻空而易奇，言征实而难巧也。"（编者注：构思开始进行之时，各种念头纷至沓来。要在尚未形成的文思中组织内容，要在无形的文思中刻画形象。文思牵连到登山时，情思里就满是山中的景色；文思涉及到观海时，心意中便充溢了海上的风光。我才力的多少,如同和风云一道奔驰般而无法测度。刚提笔时,气势要比具体措辞时旺盛一倍,可一旦成文,便只能达到所构想的一半。这是为什么?因为文思可以凭空想象,因此容易产生奇特的效果。但语言必须落到实处,很难做到巧妙。)

写这段话的是个懂得写作甘苦的人。要不然,他不会说得这么透澈。他不但说得透澈,而且把山海风云都调动了来,使文章有气势,有色彩,有形象。这是一段理论文字,可是写得既具体又生动。

我们从这里学习什么呢?是抄袭那些词汇吗?不是的。假若我们不用"拿笔",而说"搦翰",便是个笑话。我们应学习这里的怎么字字推敲,怎样以丰富的词汇描绘出我们构思时候的心态,词汇多而不显着堆砌,说道理而并不沉闷。我们应学习这里的句句正确,而又气象万千,风云山海任凭调遣。这使我们看明白:我们是文字的主人,文字不是我们的主人。全部《文心雕龙》的词汇至为丰富。但是专凭词汇,成不了精美的文章。词汇的控制与运用才是本领的所在。我们的词汇比前人的更为丰富,因为我们的词汇既来自口语,又有一部分来自文言,而且还有不少由外国语言移植过来的。可是,我们的笔下往往显着枯窘。这大概是因为我们只着重词汇,而不相信自己。请看这首"诗"吧:

  初升的朝暾,
  照耀着人间红亮,
  虽然梅蕊初放,
  人们的心房却热得沸腾!

这是一首习作，并不代表什么流派与倾向。可是这足以说明一个问题，就是有的人的确以为用上"朝暾""照耀""梅蕊"与"沸腾"，便可以算作诗了。有的人也这样写散文。他们忽略了文字必须通过我们自己的推敲锤炼，而后才能玉润珠圆。我们用文字表达我们的思想、感情；不以文字表达文字。字典里的文字最多，但字典不是文学作品。

据我猜，陶渊明和桐城派的散文家大概都是饱学之士。可是，陶诗与桐城派散文都是那么清浅朴实，不尚华丽。难道这些饱学之士真没有丰富的词汇，供他们驱使吗？不是的。他们有意地避免藻饰，而独辟风格。可见同是一样的文字，在某甲手里就现出七宝莲台，在某乙手里又朴素如瓜棚豆架。一部文学史里，凡是有成就的作家，在文字上都必有独到之处，自成一家。

我们必须学点古典文学，但学习的目的是古为今用。我们要从古典文学中学会怎么一字不苟，言简意赅，学会怎么把普通的字用得飘飘欲仙，见出作者的苦心孤诣。这么下一番工夫，是为了把我们的白话文写出风格来，而不是文言与白话随便乱搀，成为杂拌儿。随便乱搀，文章必定松散无力。这种文章使人一看就看出来，作者的思想、感情，并没有和文字骨肉相关地结合在一起，而是随便凑合起来的。

我们要多学习古典文学，为的是写好自己的文章。我们是文字的使用者。通过学习，我们就要推陈出新，给文字使用开辟一条新路，既得民族传统的奥妙，又有我们自己的创造。继承传统绝对不是将就，不是生搬硬套，不是借用几个词汇。我们要在使用文字上有所创造！

所谓不将就，即是不随便找个词汇敷衍一下。我们要想，想了再想，以便独出心裁地找到最恰当的字。假若找不到，就老老实实地用普通的字，不必勉强雕饰。这比随便拉来一堆泛泛的修辞要更结实一些。更应当记住，我们既用的是白话，就应当先由白话里去找最恰当的字，看看我们能不能用白话描绘出一段美景或一个生龙活虎的人物。反之，若是一遇到形容，我们就放弃了白话，而求救于文言，随便把"朝暾""暮色"等搬了来，我们的文章便没法子不平庸无力。

是的，文言中的词汇用得得当，的确足以叫文笔挺拔，可是也必须留意，生搬硬套便达不到这个目的。语言艺术的大师鲁迅最善于把文言与白话精巧地结合在一处。不知他费了多少心思，才作到驰骋古今，综合中外，自成一家。他对白话与文言的词汇都呕尽心血，精选慎择，一语不苟。他不拼凑文字，而是使文言与白话都听从他的指挥，得心应手，令人叫绝。我们都该用心地阅读他的著作，特别是他的杂文。

至于学习古典文学，目的不仅在借用几个词汇，前边已经说过，这里只需指出：减省自己的一番思索，就削弱了一分创造性。要知道，文言作品中也有陈词滥调，不可不去鉴别。即使不是陈词滥调，也不便拿来就用。我们必须多多地思索。继承古典的传统一定不是为图方便，求省事。想要掌握文字技巧必须下一番真功夫，一点也别怕麻烦。

（本文原载 1959 年 9 月《文艺报》第 18 期）

# 经典的价值不在实用,而在文化

文 / 朱自清

在中等以上的教育里,经典训练应该是一个必要的项目。经典训练的价值不在实用,而在文化。有一位外国教授说过,阅读经典的用处,就在教人见识经典一番。这是很明达的议论。再说做一个有相当教育的国民,至少对于本国的经典,也有接触的义务。本书所谓经典是广义的用法,包括群经、先秦诸子、几种史书、一些集部;要读懂这些书,特别是经、子,得懂"小学",就是文字学,所以《说文解字》等书也是经典的一部分。我国旧日的教育,可以说整个儿是读经的教育。经典训练成为教育的唯一的项目,自然偏枯失调;况且从幼童时代就开始,学生食而不化,也徒然摧残了他们的精力和兴趣。新式教育施行以后,读经渐渐废止。民国以来虽然还有一两回中小学读经运动,可是都失败了,大家认为是开倒车。另一方面,教育部制定的初中国文课程标准里却有"使学生从本国语言文字上,了解固有文化"的话,高中的标准里更有"培养学生读解古书,欣赏中国文学名著之能力"的话。初高中的国文教材,从经典选录的也不少。

可见读经的废止并不就是经典训练的废止，经典训练不但没有废止，而且扩大了范围，不以经为限，又按着学生程度选材，可以免掉他们囫囵吞枣的弊病。这实在是一种进步。

我国经典，未经整理，读起来特别难，一般人往往望而生畏，结果是敬而远之。朱子似乎见到了这个，他注"四书"，一种作用就是使"四书"普及于一般人。他是成功的，他的"四书"注后来成了小学教科书。又如清初人选注的《史记菁华录》，价值和影响虽然远在"四书"注之下，可是也风行了几百年，帮助初学不少。但到了现在这时代，这些书都不适用了。我们知道清代"汉学家"对于经典的校勘和训诂贡献极大。我们理想中一般人的经典读本——有些该是全书，有些只该是选本、节本——应该尽可能地采取他们的结论：一面将本文分段，仔细地标点，并用白话文作简要的注释。每种读本还得有一篇切实而浅明的白话文导言。这需要见解、学力和经验，不是一个人一个时期所能成就的。商务印书馆编印的一些《学生国学丛书》，似乎就是这番用意，但离我们理想的标准还远着呢。理想的经典读本既然一时不容易出现，有些人便想着先从治标下手。顾颉刚先生用浅明的白话文译《尚书》，又用同样的文体写《汉代学术史略》，用意便在这里。这样办虽然不能教一般人直接亲近经典，却能启发他们的兴趣，引他们到经典的大路上去。这部小书也只是向这方面努力的工作。如果读者能把它当作一只船，航到经典的海里去，编撰者将自己庆幸，在经典训练上，尽了他做尖兵的一份儿。可是如果读者念了这部书，便以为已经受到了经典训练，不再想去见识经典,那就是以筌为鱼,未免辜负编撰者的本心了。

　　这部书不是"国学概论"一类。照编撰者现在的意见,"概论"这名字容易教读者感到自己满足;"概论"里好像什么都有了,再用不着别的——其实什么都只有一点儿!"国学"这名字,和西洋人所谓"汉学"一般,都未免笼统的毛病。国立中央研究院(编者注:中华民国时期学术研究最高机关)的历史语言研究所分别标明历史和语言,不再浑称"国学",确是正办。

　　(本文写于1942年2月,为朱自清《经典常谈》一书序言,标题为编者所加。略有改动)

# 我学国文的经验

文 / 周作人

周作人（1885—1967），原名櫆寿，字启明，晚年改名遐寿，浙江绍兴人。中国作家、翻译家。曾任北京大学等校教授，晚年主要从事翻译工作。著有《自己的园地》《雨天的书》《谈龙集》《谈虎集》《瓜豆集》及《中国新文学的源流》等。译有《日本狂言选》《伊索寓言》等。

我到现在做起国文教员来，这实在在我自己也觉得有点古怪的，因为我不但不曾研究过国文，并且也没有好好地学过。平常做教员的总不外这两种办法，或是把自己的赅博的学识倾倒出来，或是把经验有得的方法传授给学生，但是我于这两者都有点够不上。我于怎样学国文的上面就压根儿没有经验，我所有的经验是如此的不规则，不足为训的，这种经验在实际上是误人不浅，不过当作故事讲也有点意思，似乎略有浪漫的趣味，所以就写它出来，送给《孔德月刊》的编辑，聊以塞责：收稿的期限已到，只有这一天了，真正连想另找一个题目的工夫都没有了，下回要写，非得早早动手不可，要紧要紧。

乡间的规矩，小孩到了六岁要去上学，我大约也是这时候上学的。是日，上午，衣冠，提一腰鼓式的灯笼，上书"状元及第"等字样，挂生葱一根，意取"聪明"之兆，拜"孔夫子"而上课，先生必须是秀才以上，功课则口授《鉴略》起首两句，并对一课，曰"元"对"相"，即放学。此乃一种仪式，至于正式读书，则迟一两年不等。我自己是哪一年起头读的，已经记不清了，只记得从过的先生都是本家，最早的一个号叫花塍，是老秀才，他是吸鸦片烟的，终日躺在榻上，我无论如何总记不起他的站立着的印象。第二个号子京，做的怪文章，有一句试帖诗云，"梅开泥欲死"，很是神秘，后来终以疯狂自杀了。第三个的名字可以不说，他是以杀尽革命党为职志的，言行暴厉的人。光复的那年（编者注：即1911年），他在街上走，听得人家奔走叫喊"革命党进城了！"立刻脚软了，再也站不起来，经街坊抬他回去；以前应考，出榜时见自己的前一号（坐号）的人录取了，就大怒，回家把院子里的一株小桂花都拔了起来。但是从这三位先生我都没有学到什么东西，到了十一岁时往三味书屋去附读，那才是正式读书的起头。所读的书我还清清楚楚地记得，是一本"上中"，即《中庸》的上半本，大约从"无忧者其唯文王乎"左近读起。书房里的功课是上午背书上书，读生书六十遍，写字；下午读书六十遍，傍晚不对课，讲唐诗一首。老实说，这位先生的教法倒是很宽容的，对学生也颇有理解，我在书房三年，没有被打过或罚跪。这样，我到十三岁的年底，读完了《论》《孟》

## 第六章
中国人如何读中国书

《诗》《易》及《书经》的一部分。"经"可以算读得也不少了，虽然也不能算多，但是我总不会写，也看不懂书，至于礼教的精义尤其茫然，干脆一句话，以前所读之经于我毫无益处，后来的能够略写文字及养成一种道德观念，乃是全从别的方面来的。因此我觉得那些主张读经救国的人真是无谓极了，我自己就读过好几经（《礼记》《春秋左传》是自己读的，也大略读过，虽然现在全忘了），总之就是这么一回事，毫无用处，也不见得有损，或者只耗废若干的光阴罢了。恰好十四岁时往杭州去，不再进书房，只在祖父旁边学做八股文试帖诗，平日除规定看《纲鉴易知录》，抄诗韵以外，可以随意看闲书，因为祖父是不禁小孩看小说的。他是个翰林，脾气又颇乖戾，但是对于教育却有特别的意见：他很奖励小孩看小说，以为这能使人思路通顺，有时高兴便同我讲起《西游记》来，孙行者怎么调皮，猪八戒怎样老实，——别的小说他也不非难，但最称赏的却是这《西游记》。晚年回到家里，还是这样，常在聚族而居的堂前坐着对人谈讲，尤其是喜欢找他的一位堂弟（年纪也将近六十了吧）特别反复地讲"猪八戒"，仿佛有什么讽刺的寓意似的，以致那位听者轻易不敢出来，要出门的时候必须先窥探一下，如没有人在那里等他去讲猪八戒，他才敢一溜烟地溜出门去。我那时便读了不少的小说，好的坏的都有，看纸上的文字而懂得文字所表现的意思，这是从此刻才起首的。由《儒林外史》《西游记》等渐至《三国演义》，转到《聊斋志异》，这是从白话转到文言的径路。教我懂文言，并略知文言的趣味者，实在是这《聊斋》，并非什么经书或是《古文析义》

之流。《聊斋志异》之后，自然是那些《夜谈随录》等的假《聊斋》，一变而转入《阅微草堂笔记》，这样，旧派文言小说的两派都已入门，便自然而然地跑到《唐代丛书》里边去了。不久而"庚子"（编者注：1900年八国联军侵占北京，并于次年强迫清政府签订《辛丑条约》，史称"庚子事变"）来了。到第二年，祖父觉得我的正途功名已经绝望，照例须得去学幕（编者注：即学习充当幕宾所必需的知识）或是经商，但是我都不愿，所以只好"投笔从戎"，去进江南水师学堂。这本是养成海军士官的学校，于国文一途很少缘分，但是因为总办方硕辅观察是很重国粹的，所以入学试验颇是严重，我还记得国文试题是"云从龙风从虎论"，复试是"虽百世可知也论"。入校以后，一礼拜内五天是上洋文班，包括英文、科学等，一天是汉文，一日的功课是，早上打靶，上午八时至十二时分两堂，十时后休息十分钟，午饭后体操或升桅，下午一时至四时又是一堂，下课后兵操。在上汉文班时也是如此，不过不坐在洋式的而在中国式的讲堂罢了，功课是上午作论一篇，余下来的工夫便让你自由看书，程度较低的则作论外还要读《左传》或《古文辞类纂》。在这个状况之下，就是并非预言家也可以知道国文是不会有进益的了。不过时运真好，我们正苦枯寂，没有小说消遣的时候，翻译界正逐渐兴旺起来，严几道的《天演论》，林琴南的《茶花女》，梁任公的《十五小豪杰》，可以说是三派的代表。我那时的国文时间实际上便都用在看这些东西上面，而三者之中尤其是以林译小说为最喜看，从《茶花女》起，至《黑太子南征录》止，这期间所出

## 第六章
## 中国人如何读中国书

的小说几乎没有一册不买来读过。这一方面引我到西洋文学里去，一方面又使我渐渐觉到文言的趣味，虽林琴南的礼教气与反动的态度终是很可嫌恶，他的拟古的文章也时时成为恶札，容易教坏青年。我在南京的五年，简直除了读新小说以外别无什么可以说是国文的修养。一九〇六年南京的督练公所（编者注：官署名，清末管理各省练兵事宜的机构）派我与吴周二君往日本改习建筑，与国文更是疏远了，虽然曾经忽发奇想地到民报社去听章太炎讲过两年"小学"（编者注：隋唐以后为文字学、训诂学、音韵学之总称）。总结起来，我的国文的经验便只是这一点，从这里边也找不出什么学习的方法与过程，可以供别人的参考，除了这一个事实，便是我的国文都是从看小说来的，倘若看几本普通的文言书，写一点平易的文章，也可以说是有了运用国文的能力。现在轮到我教学生去理解国文，这可使我有点为难，因为我没有被教过这是怎样地理解的，怎么能去教人。如非教不可，那么我只好对他们说，请多看书。小说，曲，诗词，文，各种；新的，古的，文言，白话，本国，外国，各种；还有一层，好的，坏的，各种；都不可以不看，不然便不能知道文学与人生的全体，不能磨炼出一种精纯的趣味来。自然，这不要成为乱读，须得有人给他做指导顾问，其次要别方面的学问知识比例地增进，逐渐养成一个健全的人生观。

　　写了之后重看一遍，觉得上面所说的话平庸极了，真是"老生常谈"，好像是笑话里所说，卖必效的臭虫药的，一重一重地用纸封好，最后的一重里放着一张纸片，上面只有两字曰"勤捉"。但是除灭臭虫本来除了勤捉之外别无好法子,所以我这个方法或者倒真是理解文章的趣味之必效法也未可知哩。

(本文原载1926年10月《孔德月刊》第1期,后收入《谈虎集》)